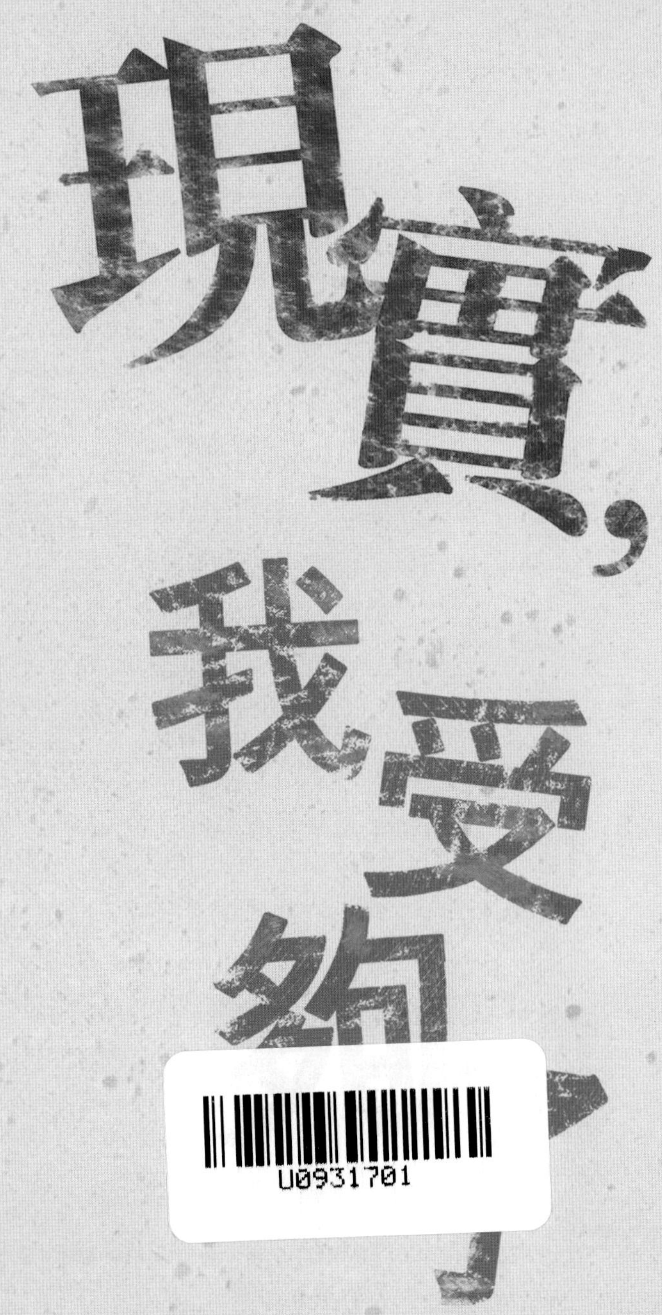

伍詠光 著

現實，我受夠了——應對無力感的 6 個關鍵
作者／伍詠光
策劃編輯／伍詠慈
封面設計／楊仲文
內頁設計／陳詩韻
圖解／速溶綜合研究所
出版發行／突破出版社
香港沙田亞公角山路 33 號突破青年村
電話：2632 0000　傳真：2632 0388
電郵：breakthrough@breakthrough.org.hk
網址：http://www.breakthrough.org.hk
http://www.btproduct.com
承印／陽光（彩美）印刷有限公司
2018 年 7 月初版 1 刷
2020 年 10 月初版 2 刷

Six Ways for Overcoming Sense of Powerlessness
by Ng Wing-Kwong, Ringo
First Printing, First Edition, July 2018
Second Printing, First Edition, October 2020

Printed in Hong Kong
ISBN 978-988-8392-81-0

誠邀閣下就突破出版社的書籍發表意見

歡迎加入突破書籍 Facebook page——http://www.facebook.com/btbooks.page

本書採用環保油墨印刷

生　活　與　輔　導

關懷、連繫、復和、

溝通、對話……

凝視心之脈動，

直到重新尋獲自己的心。

目錄

無力感從何來？
過去：選擇面對

消解無力感
現在：重塑空間

告別無力感
未來：選擇勇氣

出牌的方式在你手

看畢本書作者的文章，我嘗試努力思考，無力感是怎麼來的？是自身限制？命途多舛？人際障礙？下流社會？政商氛圍？

即使如此，我們就該束手被困？很認同作者所言，可以跟時代拉鋸的，只有心態與意志，這是「一場個人革命」。印度獨立後首任總理尼赫魯說，人生宛如牌局，手中拿到的牌，是命中注定，但出牌的方式是自己決定。

捉過圍棋的人都明白，不能因為一隻棋受困，而放棄整盤棋。一道難題，可能是在給你全力以赴的機會。船在內港很安全，但那不是造船的目的。

機會總是戴着危險的面具而來，才華亦是在逆境中展現。只要明白，海水漲一點，然後退一點，最後還是漲了上來，就不用擔心會被困難壓垮。

當機會來時，我不會問「我做得來嗎？」只會問「我怎樣才能做好它？」面對困惑，最重要是你想做怎樣的一個人，當決定了，便知道如何塑造自己。聽過這麼一句話：寧願在喜愛的事上失敗，也不要在討厭的事上成功。只要內心歡喜，你明天就會繼續去做。

遇到覺得難的事，不行動只會助長恐懼，想打擊恐懼就要行動。愛因斯坦説過，人喜歡劈柴，因為這工作可以立即看到結果。出現無力感，不妨做點簡單事，讓自己重尋力量。

很喜歡書中一句：「學着做」。成功不是一蹴而就，邊做邊學，是最穩固的基石。一味抱怨際遇，無力感只會如影隨形。積極者尋找方法，消極者尋找藉口。世界只會給目標明確的人，讓出一條大道。

還記得跳開心舞的龍懷騫嗎？她未有因失明而灰心氣餒，反而活出精彩人生。她對生命的感悟是：「生命有好禮物，等住年輕人去打開，成功不一定是你有好多錢，而是有人因為你而改變，成為其他人的禮物。」

趙燕萍

《Job Market 求職廣場》總編輯

自序

有個年輕人曾經問我為何選擇輔導工作。其實他的真正用意並非想知道我的志願，而是他覺得自己已失去了熱情和理想，心中丁點火都沒有，只是一個廢青。

往日我們聽到廢青，立即想到的是年輕人主動做一個沒用的人。可是，今天的光景的確令他們無以為繼，無能為力，無油可加。廢青，可能代表年輕人逐漸被「廢武功」，失去能力與機會。既得利益者好像永遠都是既得利益者，且代代相傳。社會上那個餅，無論如何分都分不到年輕人手上。

年輕人只好變得更被動，更無力。與其批評他們愈來愈與現實社會脱節，只顧打機吃喝玩樂品咖啡去旅行……不如説他們必須要借抽離（detach），用網絡、玩樂、頹喪去麻醉自己，不去思，不去想，去消減悲情。這本書就在這一種灰沉、悲觀、不靠父幹就不能上車、自殺率高企、後撕裂時代的大氣壓下寫成的，為要談「無力感」。

寫這類書的困難是如何避開「我知道比你多」、「食鹽多過你食米」、「單純的正能量、正向心理學」那些舊世界、舊時代思維；反而要確認今時不同往日，現今的境況可能無人經歷過，其他地區和社會也未必有這經驗，面對一份不確定性。

那麼這本書要如何寫出來呢？其實我也不知道。我只知道我們要追索人的本質，就是愛自己、找幸福、做自己以為對的事。我也不知道所說的有多對，但我相信時代在轉，人也要變化，不要隨波逐流，否則只會溫水煮蛙。

一次在公眾游泳池游泳，在快線上（即單向循環線）上，指示板指示我們必須依同一個方向游泳，以免發生碰撞。可是當時有幾名泳客卻循着剛好相反方向游泳，同時也有幾個游客不知所措，猶豫究竟游什麼方向。我心裏開始納悶：「如果繼續容讓這情況下去，可能會構成混亂甚至危險。如果我勉強地游出正確方向，又會引來一些人的不滿，好像搞寸派對。」最後，為了安全和秩序，我堅持游出正確方向，跟部分人背道而馳。初時那些人的確感覺我很奇怪，帶點敵視，同時又有另一些想更正的人為此喝采。不久，經過這個「調整期」，最終游泳池的「秩序」重回正軌。

以上故事説出我們必須經歷陣痛，才能重回人生和社會的正軌，否則我們會繼續隨波逐流，迷失方向。這本書不似以往我寫的書，因這次不想只談方法，卻要談心態與意志。今天，我們可以跟時代拉鋸的，就只有我們的心態和意志。這本書也可以是介乎我的前作《工，唔係咁打！》(突破，2015) 和《勇敢做自己》(突破，2016) 之間，前者是打工方法，後者談個人成長，那麼中間就正正是心態的調整。

這裏大部分文章出自過去三年在《Job Market 求職廣場》雜誌內刊登的專欄。三年裏，我花了一年時間到倫敦進修，回看所有文章，彷彿回顧自己這三年的成長、思想的孕育與蜕變。原來自己一直在堅持一種心態：不要輕易放棄。今天可以將文章集合成一本完整的讀本，的確多謝編輯詠慈不放棄的精神，使這本書可以面世。

我真心祝福你，帶着心去讀，必定讀出覺得對你生命有意義的地方，給你多點力。

Ringo

2018 年 3 月 14 日

If

If you can dream – and not make dreams your master,
If you can think – and not make thoughts your aim;
If you can meet with Triumph and Disaster
And treat those two impostors just the same;
If you can bear to hear the truth you've spoken
Twisted by knaves to make a trap for fools,
Or watch the things you gave your life to, broken,
And stoop and build 'em up with worn-out tools...

假如

假如你能作夢——而不成為夢的奴隸；

假如你能思考——而不是以思考為目的；

假如你能面對勝利和慘敗，

而把這兩個騙子一視同仁；

假如你聽到你講的真話

給壞蛋歪曲了去陷害蠢人，卻仍能泰然自持，

或者你看到你曾拚命維護的珍貴東西破碎了，

而仍能彎下腰用陳舊的工具去修理……

約瑟夫·魯德亞德·吉卜林 Joseph Rudyard Kipling（1865-1936）

（英國作家及詩人，獲 1907 年諾貝爾文學獎）

導言

現實是殘酷的

「現實是殘酷的」這道理無人不知。樓價高企、薪水加得少、上流機會低、上層霸着位置不肯讓、上司批評不得反抗……加上政治亂局，「現實是殘酷的」這句話更真實，更覺恐怖。

可能，唯一可以給予你的忠告只是：「面對現實」。意思是，無論面對工作、生活、前路、社會的殘酷現實，只好一一接受吧！可是，究竟何謂接受現實？該如何接受呢？

面對現實的方法有很多種，第一種叫無奈接受。說這話的人一定對世情感到無力與無奈。無奈不是無知，而是面對困局已束手無策，反正行動過只換來失望，甚至反效果，什麼都改變不了，一種等死等運到的狀態。

譬如工作遇上一個惡上司。上司經常遲到早退，公司各人都很忙的時候就放大假。可是，他卻不喜歡下屬放假。每當下屬申請假期時，他會諸多質疑，令人滿有罪疚感。你心想，明明自己一年有十多天假，放假又有什麼錯？又當你一次終於按捺不住，回應上司的質詢，結果反被他針對，當眾指罵。最終你只會被打殘，覺得更累，開始想：既然沒地位，沒權力，只好逆來順受。

這種狀態叫做「灰」。

第二種是笑看風雲，看透人生。這種人經常說：「人就是自私，天生的，接受吧！」「所有老闆就是這樣子，改不了，接受吧！」「出來工作就會辛苦，不做沒飯開，接受吧！」「人生 / 世界就是這樣子，算了吧。」諸如此類的說法。表面看透，實質是無可奈何，只好歸咎命運，結果是溫水煮蛙，一種慢性的自我放棄。

這種狀態叫做「化」。

「灰」與「化」可以治標，可以暫時舒緩你的不快感。但同時亦帶來限制，令你開始漸漸變成一個失去思想能力（capacity to think）及突破能力（capacity to breakthrough）的人。而這兩種能力都是你的內在資源（inner resources）。由此可見，現實的殘酷並非單單生活的艱難或外在資源缺乏（外在的環境），更會令我們忽視或遺忘了抵抗和翻身的能力（內在資源），使人以為自己只有生存，沒有生活。最終限制你超越面前困局的能力，甚至無力突破內在的框框，結果連前路也發展不了。

無力感的產生

當人面對無法改變的現狀，只有焦慮，然後就只剩下無奈，遺留的是大堆無力感。無力感有好多種面貌，不但覺得無力，也可能對每件事都感到厭煩或提不起熱情，失去主動性。陷入無力感時，會出現各種情緒障礙，包括悲傷、憂鬱、焦慮、內疚、憤怒等，這些負面情緒也會影響身體健康。

以下圖表所見，因為各種外在和內在問題，令人產生一時的無力感，這是常見的；可是無力感蔓延，令你的價值觀、動力、情緒和認知都失衡時，無力感變得習以為常，就會徹底打倒你，推你跌進無盡的深淵。那時，你只覺得「無論我做什麼都改變不了現實」、「即使我盡多少努力都不能發揮任何影響力」、「不管自己再怎麼渴求也無法獲得」。

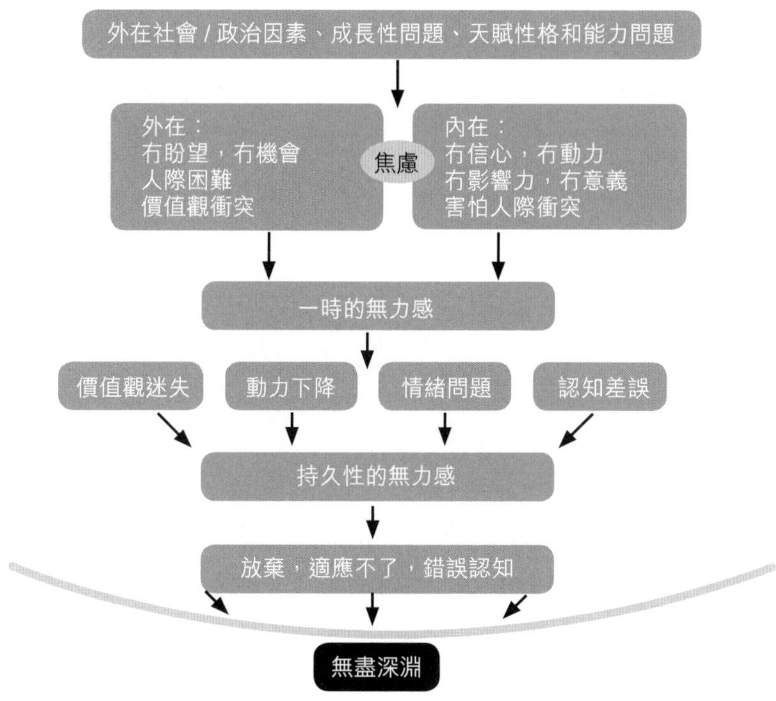

幸福，來自心底的吶喊

無力感的相反大概是幸福感，活得有意義，活得開心，替自己生活注入多分力量。你可能現在很討厭你的工作和處境，但我跟你說，世上沒有好工作，只有好生活，只有你主動選擇屬於你的幸福。

有人會將追求幸福等同享樂主義，單單追求快樂和享受。在這個資本主義又極度商業化的社會，很多時候這種所謂快樂或享樂，都是靠金錢換來的。用金錢去創造幸福，包括購物、儀表打扮、旅遊、交際式吃喝玩樂、家居的大小、健身……統統需要你去消費，去花金錢。當你要花錢，就不得不工作賺錢去創造和支持你的「幸福」！可是，很多人在工作上又找不到幸福，結果日日先回到「不幸福」，然後以「不幸福」去製造「幸福」。多諷刺！

一次柏拉圖問師傅蘇格拉底説：「請問什麼是幸福呢？」蘇格拉底淡然回答説：「請你走過這片田原，去摘一朵最美麗的花回來，不過你要守一個規則，就是不能走回頭路，而且你只能摘一次。」於是柏拉圖照做。過了良久，柏拉圖拈着一朵美麗的花回來。蘇格拉底問他：「這就是最美麗的花？」柏拉圖説：「嗯！當我穿越這片原野時，一眼看到這朵花，就覺得很美麗，於是摘下來，並且肯定這朵花就是最美麗的。即使我後來看見其他很美麗的花，依然堅持這一朵仍然是最美。」這時候，蘇格拉底意味深長地説：「這就是幸福。」

這個故事説明了有關幸福的道理：能夠知道心底究竟想要什麼才是快樂。

當然很多人掌握不到究竟自己想要什麼，因為他們習慣看着別人的快樂，依樣葫蘆，甘心或不甘心地隨波逐流。但是，幸福是單單關乎自己的，不是別人的。不用羨慕別人，不用模仿別人。

幸福其實關乎「選擇」，選擇如何過屬於你的生活，不讓別人阻止你，強迫你。即使很多人批評或嘲笑你的理想，即使你賺取的不夠別人多，即使社會定義你是不切實際，你仍然堅持和選擇心中的「智」和「善」。

「智」和「善」是兩種重要的內在資源。「智」，就是在未知未來的焦慮中，在別人不同標準的眼光中，仍然擁有對生活的想像力和顛覆的思考力，才能突破內在框框。

「善」，就是即使處境再壞，也能善待自己，善待他人。不懂善待自己，就不懂善待他人；不懂善待他人，其實也不能善待自己。那份為自己、為他人至大的善是一種快樂，這就是幸福的感覺吧！

內在資源	給你的力量	對你的幫助
思想的能力	抵抗力	應對認知差誤
突破的能力	翻身力	應對動力下降
智慧	選擇的能力	應對價值觀迷失
善良	向善的能力	應對情緒問題

勇敢地替自己選擇

你可能說幸福實在太遙遠，不如接受現實吧！但接受現實，不是灰，也不是化，更不是放棄。放棄為自己打算，為自己爭取，就是放棄自己。那麼怎樣面對現實？

不是看透就能改變現況，只有選擇才能帶來改變。正如上文所說，面對現實是一種選擇，擴張個人的內在資源，找出合適選擇，讓人生有新的轉化。

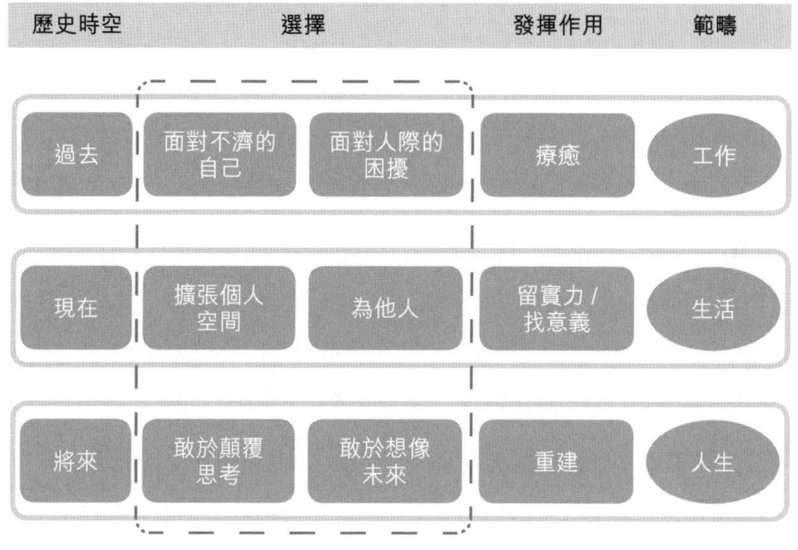

上圖指示轉化的過程是從過去開始，面對個人內心的種種焦慮失望，例如對人對事對挫折的失望，對不公不義的憤怒等，都是過去種種生活積累而成的。很多時候，我們以為自己已經接受了，原來根本未能接受挫折和失敗。**對抗的方法是先去面對失敗，檢討失敗，接受自己的不足，才能產生反彈力。這是一種自我和關係上的療癒。**

重回現實處境，失望的事不會停下來，面對持續打擊，要為自己保留空間（時間和心靈的空間）。人在焦慮的狀況下往往用忙碌去包圍自己，逃避思想，因而容易失去反思和反省的空間和能力。**先給予個人和關係空間，才儲備能量去思考、突破、重尋意義。**

有了以上的內在資源，方有勇氣對抗外在的困難衝突及內在焦慮。世界給我們很多假象，告訴我們不用多想，或告訴我們順着主流走就沒錯，不要做壞孩子，不要走少人行的路。最終呢？走了一條對你來說奇奇怪怪的路。所以，**重建就是建立顛覆和想像思維，知道未來不是虛幻的，是可掌握的**，因為你學會用一種嶄新的角度去看自己，看事情的「真相」和機會。

一場個人革命

我明白你會感覺自己很弱勢，很無力，外邊太多旁觀者或既得利益者阻礙、打擊你。不過我大膽地說，有時候部分無力感是自己製造出來的，因為你想環境為你改變，卻不願改變自己，即是放棄發展自己的內在資源，放棄選擇，任由宰割。

困境是一時，人生卻是一世。要突破就要革命。如果要為這世代搞一場革命，就先要來一場「個人」革命。個人革命就是選擇對於自己是「對」的選項，才能徹底地轉化自己 。

選擇並非一刻的行動，而是你的心態、意志與堅持，並非知識問題，也非技巧問題，是心態問題。

這本書就是跟你談心態。世界會變，時代會變，常識已經不是王道。今天能幫助你的，是你的心態和思維。

如果幸福是好好地生活，請先改變你的態度。

祝你幸福！

無力感從何來？

過去：選擇面對

面對一事無成的自己

不少人都說，令自己最灰的一定是工作。你每天一定會問，邊個想返工？返工天天塞在車廂、與同事處不來、諸事不順、老細盲塞之類；不過，也不只返工令人灰；還有社會現狀，你不斷感到社會無出路，努力得不到回報……總之慨歎為何要繼續上班。工作，可能是夢想和自我的實現，也可能只是為了一個飯碗而已。

Linkedin 在 2017 年訪問了逾 1,000 名 30 歲左右的打工仔，發現 25 歲至 33 歲的打工仔之中，有 75% 感到自己正在經歷「四分一人生」危機（quarter-life crisis），出現危機的平均年齡就是 27 歲！接近六成受訪者不清楚人生下一步如何走；其次是不滿在職業上沒有選擇；之後就是收入少和沒法置業的困擾。

要如何解決？似乎大部分人都選擇悲觀。有 36% 受訪者轉職，投身一門截然不同的行業；28% 人選擇去旅行；亦有 23% 的打工仔選擇從工作中抽身，來一個 career break，思考自己該如何生活及怎樣令自己活得幸福 。

今天的職場是否真的非人生活？是的！

美籍猶太裔政治理論思想家漢娜・鄂蘭（Hannah Arendt）曾為工作下了這定義：工作是一種人類生存的非自然行動。她認為工作會創造出一個跟天然不同的世界。簡單地說，就是塑造一個不同的你。

我用一個比喻：人要看清自己就需要面向一塊鏡子。鏡子將自己的容貌反映出來。鏡子對我而言就是非天然的東西，是異物，是自己身外的東西。當人一直生活在自己的安舒區，就較難認清自己的真面目，了解自己的限制，面對自己內在的困擾……而工作作為一件異物，就有這種功用。

這一章會先帶你穿透表層，進入內心世界，目標是面對自己從工作而來的外與內的困擾和情緒，發現真正的自己，最終幫助你認清從工作而來的困擾與無力，有助告別灰地。

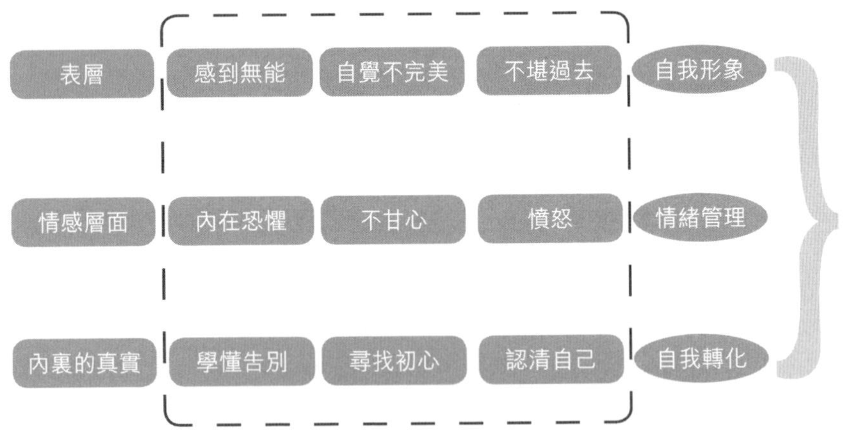
表層
感到無能
自覺不完美
不堪過去
自我形象
情感層面
內在恐懼
不甘心
憤怒
情緒管理
內裏的真實
學懂告別
尋找初心
認清自己
自我轉化
面對自己

1. 面對自己的無能

工作有時令人心灰意冷，更可能成為一種折磨。你慨歎為何別人上班可以如此輕鬆，自己卻每份工作做不長，彷彿遇上噩運？也許，你能以運氣解釋世上所有事物及你的際遇；但有否轉換角度去想，不是工作出事，而是你出事？

有時人會自知，有時卻連自己都不察覺。工作會將人不願見到的自己徹徹底底、赤赤裸裸地呈現。例如在挫敗中看到自己的缺點，在困難中看到自己欠自信。無論如何，這些內在的陰暗面、自我懷疑、自我不滿，甚至自我討厭，很可能是自己愈做愈無趣，愈做愈失落，愈做愈害怕的元兇。

有人曾對我説，一份有趣的工作，起碼有 30％的內容是你未曾掌握的。如果你對工作已經得心應手，必然感覺沉悶萬分；但是，這未掌握的部分，不論佔多少百分比，性質不論是陌生的新任務，或上司苛刻的要求，或測不透的客戶反應等，都會令你不安。這不安可能是對自己能力的懷疑，究竟自己做不做得來？我的存在有用嗎？我還被人重視嗎？

又或者不想被人瞧不起，不想感到自己比別人差勁，不想知道自己原是自卑，更不想知道自己時常需要被肯定。總之人不想真正認識自己，因為不想看見軟弱的自己。

其實，你心底裏，**甚想被別人看見，看見自己的能力。一旦失去了這份認同感，你很容易失落於過度理想化的自己**(omnipotence，**心想：「我實在很棒！」**)**和徹底無能的自己**(impotence，**心想：「我實在很失敗！」**)。一方面期望自己做得出色，有人賞識；另一方面又恐怕做得不好，給別人看出自己何等不濟。這是一種矛盾。

人可以矛盾到一個點：本來想成功，但因為害怕失敗，所以不如讓自己失敗好了。

這種想法是有對象的，你想證明給上司看──但是，你可能立即說：反正我會失敗，不如放棄吧！另一極端是，你又可能說：我才不管他如何看，我最討厭他。當你說這句話的時候，正正說明你實在在乎他。又或者**你心底最在乎的對象可能是父母，或是**

伴侶，又或者過去曾詆毀、踩低、傷害過你的人，甚至你自己。

歸根究底，你要看清自己內裏是如斯矛盾，充滿掙扎。這些矛盾和掙扎關乎你如何看自己，如何看待這一干人，如何跟他們相處，又不因他們的看法而貶低自己。這樣，你才能擺脱別人的眼光，不會輕易跌入不安，失去對自己的信心。

看清自己，是第一步。

失去認同感
陷入矛盾
我實在很棒！
過度理想化的自己
我實在很失敗！
徹底無能的自己
看清自己，是第一步

你對自己的肯定程度有多少？

1. 我覺得我是個有價值的人。
2. 我認為我相當有魅力。
3. 我認為我還算是個成功的人。
4. 我認為自己身為一個（兒女？職員？學生？男 / 女朋友？朋友？）跟其他人比起來算是做得還不錯。
5. 我就算失敗了也能立刻轉換心情。
6. 我有 3 件以上感到自豪的事。
7. 我能夠接受並真心聆聽他人樂觀的話語。
8. 我對於自己所做的選擇都還算滿意。
9. 我認為自己被家庭及職場所需要。
10. 我很高興能誕生於世上。
11. 我尊敬努力走到現在的自己。
12. 我喜歡自己。

低於 3 個，自我肯定程度「偏低」：對自己沒有自信，似乎認為自己不是太重要。總是容易往負面方向思考，或是有着容易產生負面思考的傾向。需要藉由他人讚美以至認同來累積自我肯定的情感。盡可能增加與人接觸的機會，讓自己變得更容易接受他人的感謝之情，藉此慢慢提升自我肯定的心。試着下意識地誇獎自己「你已經很努力了」，如果周圍的人對你表達感謝或溫暖話語時，也請放開心情好好地接受大家的心意吧！

4 至 6 個，自我肯定的程度「普通」：你雖然認為自己非常重要，但也有着沒自信的一面而容易自我否定，或是遇到不同狀況或環境時，自信心容易受到動搖。只要有讓人感到不安或擔心的情況發生時，就很可能會陷入低潮。但只要適當地釋放壓力，或是將精神集中在做家事、交際或工作上，就能夠讓情緒平復。請在心中提醒自己，要常保持歡笑度過每一天！

7 至 9 個，自我肯定的程度「稍高」：你似乎相當重視自己，沉浸於溫暖安定的氛圍，也許是因為周遭環境給了你正向的影響。除此之外你也能自己冷靜思考，並構想事物的組成與順序。但太過要求完美，只會讓自己及周遭的人感到疲憊。稍微放鬆自己，營造出「剛剛好的美」，說不定就更輕鬆自在地活着。注意不要讓自己努力過頭，試着用愉快的心生活。

10 個或以上，自我肯定程度「很高」：你非常肯定自我價值，情緒及精神狀態也都很安定。只要安定自己心靈就能夠重視自己，進而重視他人，能夠重視家庭及周遭人事物。另外，由於你精神相當安定沉靜，對於他人也相當有幫助，說不定能為周遭的人營造出幸福的氛圍！

資料來源：https://i.4meee.com/articles/view/11001649

2. 面對自己的不完美

人很奇怪，即使知道完美主義不好，但又真的不想看到自己的缺點和瑕疵。

Tommy 想女友的父母認同自己，所以強迫自己找份高收入的工作，可是在工作中一直幹不出「成就」，感到力有不逮，力不從心。

Tracy 從小學開始就愛跟別人比較，當然是找些優越的人來比較吧！每次都想模仿別人做的事及「成功方程式」。

他們眼中看不見真正的自己（獨特的氣質與才幹），因為一直沒給自己機會去試，只管走別人的路，常常套用別人定義的成功。當你愈要走別人的路時，就離你的優點愈遠，反而愈易發現自己的缺點。

驕傲的人高估自己，注目自己的優點；自卑的人低估自己，注目自己的缺點。其實，優點和缺點是共生的，好像月球向着地球一面是光明，而另一面是漆黑，兩面合起來才是整個月球。

所以，**我覺得要全然地擁抱自己，就要擁抱不完美的自己，而完整的自己，包括自己的優點和缺點。**

首先是擁抱優點。有些人因為自卑，抓破頭皮也想不出自己有什麼優點。大多時候，並非因他一無是處，全無優點，而是不懂擁抱優點。以下有幾種對優點的誤解：

- 比別人好的，才算優點。
- 能達到別人期望的，才算優點。
- 能達到理想中的自己，才算優點。
- 能令自己成功的，才算優點。
- 能獲取很多掌聲的，才算優點。

以上問題令人找工作時，說不出自己有什麼優點；面對工作，失去信心嘗試新事物。究竟出了什麼問題？就是分辨不出「真正的自己」和「理想中的自己」。真正的自己是內裏的愛好和獨特的氣質。理想中的自己是一種假我，希望順着別人的期望而製造出來的自我想像和慾望。

缺點與優點，像月球的正面反面。每個人也有優點，同時要擁抱缺點。當你知道自己是個愛臨急抱佛腳的人，事事會拖到最後一刻才有動力去做。拖延，就是你的缺點。不過，當你每次在危急時，就能發揮你的小宇宙，努力衝刺完成工作，正代表你是個可以高效率的快槍手。如果你常被人揶揄你沒性格，沒主見，與世無爭，那麼，你大概也是個很具親和力的人。

擁抱你的缺點，並非天天埋怨，而是積極從缺點看到的生存力、反彈力、求生力，這就是你隱藏了、埋沒了的優點。

優點和缺點是雙生兒，不認識缺點，怎知道優點？一言以蔽之，就是「做自己」。做自己就是愛惜一個完整的你。

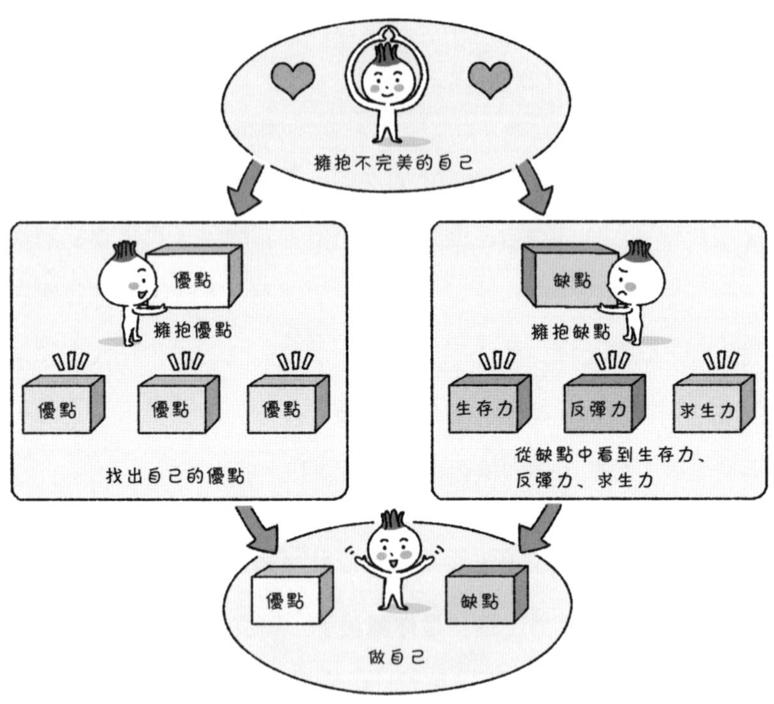
擁抱不完美的自己
優點
擁抱優點
優點
優點
優點
找出自己的優點
缺點
擁抱缺點
生存力
反彈力
求生力
從缺點中看到生存力、
反彈力、求生力
優點
缺點
做自己

發掘不為人知的個人氣質：

1. 楊桃正暗戀着某種水果，你覺得它喜歡誰呢？
   - A. 香蕉→ 5 分
   - B. 檸檬→ 1 分
   - C. 蕃茄→ 0 分
   - D. 水蜜桃→ 3 分

2. 如果有種水果想要阻撓楊桃的暗戀，想來個惡作劇的話，你覺得又會是誰呢？
   - A. 香蕉→ 3 分
   - B. 檸檬→ 1 分
   - C. 蕃茄→ 0 分
   - D. 水蜜桃→ 5 分

3. 在象棋盤中有兩顆棋子在對話，他們分別是將帥雙方的馬，你覺得他們在說什麼呢？
   - A. 我一定跑得比你快→ 1 分
   - B. 唉！我們的軍隊快輸了→ 3 分
   - C. 我比你美多了→ 0 分
   - D. 今天天氣不錯→ 5 分

4. 如果有一顆桌球快被人用球桿撞去，你想那顆球怎麼想？
   A. 痛死了啦，討厭！→ 1 分
   B. 如果撞到東西，還要滾來滾去，真麻煩！→ 0 分
   C. 終於可以讓我大顯身手嘍！→ 5 分
   D. 即使這人技術不佳，我也要憑自己本事飛高一點。→ 3 分

5. 如果你可以在豪華的酒吧喝酒，你會選哪一杯呢？
   A. 水果酒→ 0 分
   B. 清酒→ 5 分
   C. 啤酒→ 1 分
   D. 葡萄酒→ 3 分

19 分或以上→ A 型

13-18 分→ B 型

7-12 分→ C 型

6 分或以下→ D 型

A 型：行動型氣質：你所潛在的才能就是行動力。因為你的好奇心強，什麼事都想親身試試，所以你的行動力比起其他人來說，是非常強的。因為你根本不太會去想「如果失敗了怎麼辦」之類的問題，所以不管在什麼樣的領域內，你都能親自體驗，而且有實現夢想的可能。

B 型：直覺型氣質：你潛藏着一種看清事實的直覺力。譬如你對於朋友的戀情，會覺得「説不定他……」而往往就會被你猜中，或者你有時會覺得「事情一定會變成……」你對未來的直覺也挺準的，也因為你的直覺，抓住了許多幸福。

C 型：思考型氣質：你潛在的最大才能，就是理論的思考力。你不管在什麼時候都能做出正確的判斷，因此你在戀愛或工作的時候，不會太失敗。而且你的判斷力會隨着知識的增加而累積，並會變得更加準確，如果你感到迷惘，不曉得該怎麼辦，多吸收知識和資訊就對了。

D 型：觀察型氣質：你的品味和觀察力正是你潛在的才能，你很能分辨美的事物，所以對流行資訊相當敏感。你常常成為眾多目光的焦點，如果你再多提升自己對美的鑒賞力，那麼你就走在時代的尖端，也能因此創造出許多東西，建議你不妨朝創意設計方面試試。

資料來源：http://pitapu.pixnet.net/blog/post/21675622- 測測看自己尚未發現的優點

3. 面對不堪提的過去

一個人不會一進入社會工作，就立即長大成人，我們總會將自己成長的陰影和習慣帶入職場。這些所謂陰影和習慣，可能一直影響你的工作心態和能力，成為無力感的來源，卻連自己都看不見。

職場是家庭的延伸，這話一點都不誇張。以下有個例子。

Queenie 有一個哥哥。小時候，父親重男輕女，對哥哥期望很高，但哥哥不算聰明。每當哥哥做得不合父親心意，又或答不上問題，父親就大發雷霆，甚至重重責打他。當 Queenie 看到這種情境，心裏很痛，卻不知如何面對，只期望自己的腦袋換轉到哥哥的頭顱上，替他解圍。

他們長大後，父親也老了，脾氣沒以前暴躁，哥哥也找到一份適合自己的工作，而 Queenie 則當上小學老師。在學校裏，她是工作狂，為學生盡心盡力，每當學生受到家長的傷害或指責，她就認定這是一種對孩子的折磨。顯然易見，Queenie 受成長中目睹哥哥被父親折磨的影響，漸漸產生要拯救哥哥的情意結，並轉移到學生身上。關心學生本來沒有問題，可是 Queenie 往往過分着緊，甚至當自己是學生的父母，有時對家長過分刻薄。校長和同事都質疑這種做法，於是找她討論，她卻向校長大發雷霆，甚至指斥他人沒有教學熱誠，沒愛心。最後，她孤立自己，內心覺得愈來愈孤單。

以上故事説明了我們的成長陰影，累積了成長中埋藏的焦慮，不能排解，一直沒法找出口，沒法被明白，並將影響帶到工作上。Queenie 就是重複地要「拯救哥哥」。**平時，這焦慮是隱藏的，但當在工作上遇到相似的情境，焦慮便會靜悄悄跑出來，影響一個人的工作觀、待人觀及對事情的判斷。**

陰影可以抹去嗎？

陰影包含了回憶和焦慮兩部分。很多時候，回憶是難以洗去的，但焦慮可以透過自我認識和成長，或者心理治療帶你回歸過去，重新整理，減輕傷害，有助釐清一些主觀思維。

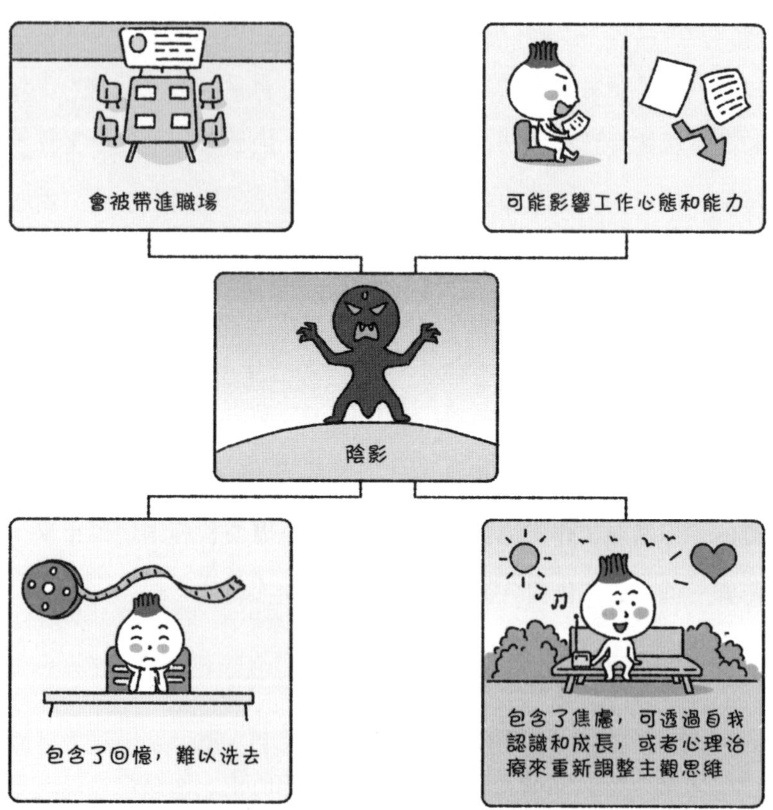
會被帶進職場
可能影響工作心態和能力
陰影
包含了回憶，難以洗去
包含了焦慮，可透過自我
認識和成長，或者心理治
療來重新調整主觀思維

4. 面對自己的恐懼

工作揭開我們情緒層面的狀況。但情緒層面不易被察覺，因此要從個人行為着手去檢視。第一種情緒是恐懼。

讓我先舉一個例子。

我在初出茅廬時曾經有個慘痛經驗。一次我負責一個非常緊急的項目，上司定下來的死線根本不切實際。可是，軍令如山，只好勉強應付。因為時間太趕，手上工作又多，我疏忽通知生產商一項細節，令產品跟原意有點差異，需要重新再造，時間一再拖延。當上司追問我項目進度時，我心驚膽顫，唯有硬着頭皮說進度出了問題。他當然勃然大怒，追問我出現什麼問題。我在情急之下把責任推給生產商，說是他們的疏忽。我一心以為可以轉移視線。怎料，上司竟然鍥而不捨地窮追猛打，拷問始末經過，直至我無話可說，不能砌詞。最後，他給我一記重重的責問：「你為何要說謊？」這是我人生其中一個重大污點，難以磨滅。

「為何要說謊？」原來我是多麼害怕，甚至使自己做出不合乎自己原則的事，蠢得明知謊話未必可行但仍然要說。你問在職場上應不應該說謊話，答案顯然是不應該。可是，在不同的處境，問題就變成「何時說謊話，何時說實話」了。在此我不會討論「何時說謊話，何時說實話」，反而想探討為何人在職場上不能真誠。你會自然找到答案。

其實，人不能真誠的原因大抵只有一個，就是恐懼。恐懼，會控制我們的行為，一般使人有三方面的反應：

- **逃避**（flight）：放棄，掩飾，推卸，說謊；
- **反擊**（fight）：惡人先告狀，先發制人；
- **麻木**（freeze）：無視一切問題，不聞不問，不多管閒事。

以上三種情況，總的來說，都是一種對自己和別人的謊言。原來恐慌可以令人不敢向自己真誠。

真誠不單是道德的事，其實也反映你的內心狀態。今天很多職場生態及管理風格大都以恐懼推動（driven by fear）。當你做得不夠好，就要被責難、被淘汰。在這樣的氣氛下，自己和同事都可能活在恐懼下，令恐懼變成個人和職場常態，人人都變得城府更深，爾虞我詐。

前捷克總統哈維爾曾說，要「真誠地生活」(living in truth)。**職場上，不要讓恐懼變成你的工作常態，不要在壓力下被自己的恐懼攻陷，撤退到什麼都不講，什麼都不做，甚至迫到要說謊的地步。**在恐懼脅迫下，人可以做什麼？在上司面前好像很無力，但內在的勇氣就是「無力者的力量」。要克服恐懼而真誠地生活，就要問自己究竟怕什麼？

- 沒把握的事情，我會否一做就失敗？
- 想改變現狀，但改變真的會更好嗎？
- 雖然準備這麼久，萬一還是沒做好怎麼辦？
- 為什麼大家看我的眼神都怪怪的，我做錯了什麼？
- 世界變得好快，會否稍有差池我就追不上時代？

現時你可以立即實踐，是讓無名的恐懼從日常生活中消失。分析自己的恐懼情緒，找出害怕的根源；問問自己心底想要什麼，什麼是自己認為對的事，忠於自己，為自己而活；試着以一種「拍拍心口的自信」，帶着勇氣走出恐懼的陰霾。

如果工作是一種鍛鍊，就是鍛鍊忍耐和勇氣去認識和突破自己的軟弱。能夠面對自己的恐懼，就是活出真誠的開始。

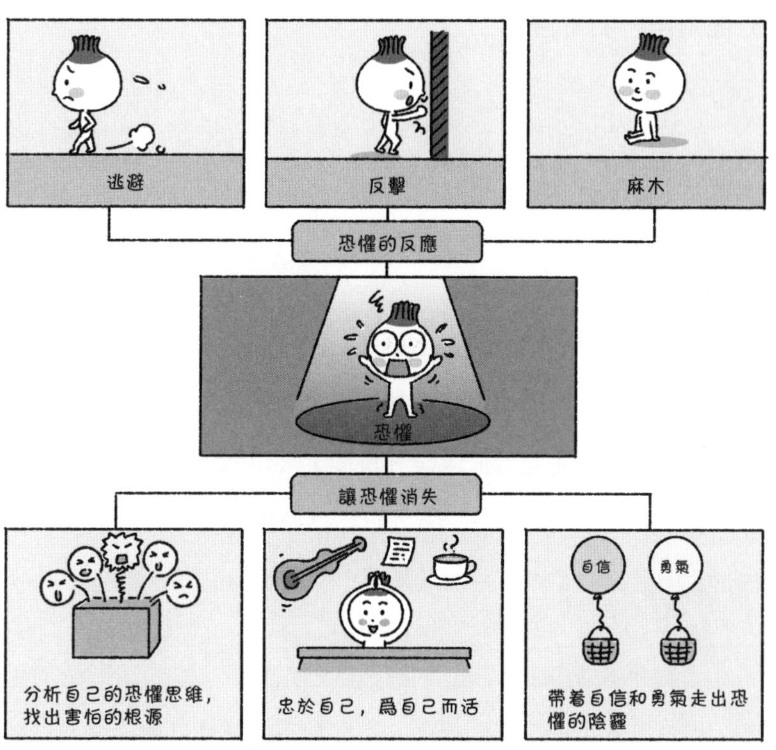
逃避
反擊
麻木
恐懼的反應
恐懼
讓恐懼消失
自信
勇氣
分析自己的恐懼思維，找出害怕的根源
忠於自己，爲自己而活
帶着自信和勇氣走出恐懼的陰霾

5. 面對自己的不甘

不甘心的情緒也不易被察覺。有人會以為不甘心是一種健康的動力。但你要清楚，這動力是源自清晰的目標，還是拿捏不準的情緒。

我所指的不甘，主要是出於「不甘平凡」的感覺。不甘可能是推動自己朝向目標的力量。當你認為你值得更好的生活，就不會安於現狀，反而會勇於求變，爭取突破現狀。每個人的內心都有一套自覺幸福的標準，因為不甘心，就會積極爭取「更幸福」的生活，更努力工作，目的只是為了「我值得更好」的人生。

不甘平凡又可以代表不服輸，純粹出於一種自慚形愧的感覺，把自己推去一個不願回頭，不願放下執著的狀態。他們心裏想證明給全世界看，他們並非別人眼中如此不濟，誓要為自己爭一口氣。**說穿了，這份「不甘心」是因為不滿今天的自己，背後是一份打擊自信心的壞情緒而已。**

不甘心可以是看到畢業後同學找到一份優越的工作，希望自己比對方更成功，於是瘋狂地進修；比自己遲入職的新人，卻晉升得比自己快，因而經常在別人面前故意語出驚人；或是看到自己不屑的同事被上司褒獎，就強迫自己努力爭取未必勝任的工作……直到自己撐不住，只好無奈地放棄，可是下一刻又想東山再起。

這時候，人的矛盾悄悄跑出來！人刻意與別不同，想鶴立雞羣，所以偏要標奇立異，做別人不做的事；制訂計劃時，不想隨從別人的意見和方向，你選東，他就選西，總之想跟平凡畫清界線。

要維持不平凡是不容易的事，並非你想就可以變得不平凡，當中所付的代價是難以想像的。經常要別樹一格是一件很疲倦的事。當疲倦了或灰心了，心裏自然會想：「為何要疲於奔命追逐那份與別不同呢？倒不如甘於平凡，過一些腳踏實地的日子吧！」

甘於平凡不等於甘於平庸。妥協有時是為了現實，因此有時人需要面對現實，稍作妥協。**甘於平凡可以是腳踏實地按照自己的目標去做，按自己的計畫來完成。當達標時，會有一份滿足感；即使未達標，也能重新調整，心裏仍然保留存在感、踏實**

感。在平凡而細水長流的日子中，可以慢慢滲出美好的滋味。在職場上，有時須要用「鑿石仔」的功夫和態度去幹活。在一陣平平淡淡日子過後，發現自己原來一直朝向目標走。沒有什麼能力和優勢可以替代時間！有些成就，有些成果真的不得不靠時間磨練。

人總在「甘於平凡」和「不甘平凡」之間徘徊，妥協有時是為了現實，但不要輕易放棄，執著的堅持或會培育微小的夢想茁壯成長。

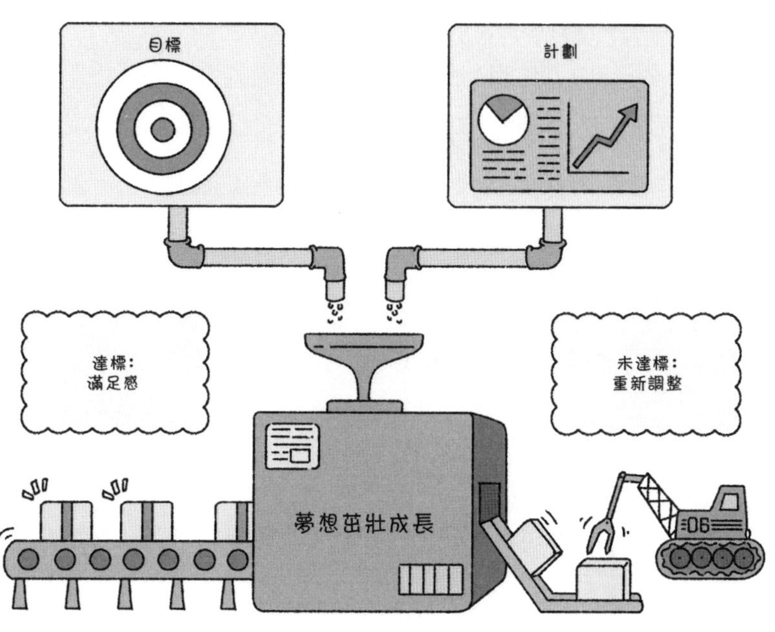
目標
計劃
達標：
滿足感
未達標：
重新調整
夢想茁壯成長
06

6. 面對自己的憤怒

長大了，人不像小孩子般隨便生氣，因為怕一旦生氣就使人覺得自己「不好」。為要別人「覺得自己是個好人」，為了做個 nice guy，你會黯然「接納」上司無理而且很婉轉的攻擊、批評或恐嚇：「現在的年輕一代都不懂吃苦，不肯吃虧，不似我們一代！」「你們這一代人很自我！」「你再不加努力，就會被人淘汰！」「公司給你這些機會，你都不懂把握！」「本來我很想幫你，見你如此，我都幫不到你，你好自為之！」聽到這樣的批評，不憤怒都不是人；但選擇死忍，反而成了你的致命死穴，增加你的罪咎和羞恥感。

可是，憤怒又如何？立即反擊指罵對方？又失儀。立即辭工不幹？太魯莽。所以，唯有把憤怒心裏留。

為何有時我們不再感到生氣和憤怒？我們長時間受着壓迫，漸漸被折磨到一個地步，失去精力憤怒，不再懂得生氣，或者覺得生氣也沒用，最後連爭取也無力，只好怨天尤人。但我可以說，到這時候，人往往把生氣的對象換轉成自己，埋怨自己沒用、不爭氣。

工作多辛苦也沒法向上流，沒法講理想，被上一兩代批評得體無完膚，你可能常常為此感到不公平、納悶和不滿。可是，我對你説，**社會原本就不是為你而設，所以不公不義，努力得不到回報，一點也不稀奇，甚至是常態。**常態不等於正常，也不是要你啞忍，人總須帶着憤怒的力量爭取到底。

你是否把不滿的事情一直堆積而沒有一件得到解決？你是否放不開過去的恩怨？讓我們來看一看你是否一個愛生氣的人。

請你做一下頁 60-61 的憤怒問卷。這份問卷並沒有什麼很難或很深的問題，你的分數將顯示出和別人相較時你的憤怒情形是如何。

其實，憤怒不光是發火，也可以是一種正面的力量。當你要面對以上狡猾又刺人的批評，你會容易被欺騙和洗腦：「你就是不夠好」，只好做 nice guy。當人習慣了老是當 nice guy，就漸漸忘記去 fight，fight 不是好勇鬥狠，而是堅持，就是將憤怒化為堅持，堅持認定自己是誰、堅持自己想要的、堅持自己的理想，這是抗辯和爭取的動力。**憤怒的力量不是催促我們去攻擊，而是**

讓我們下定決心和硬着頭皮，重新了解自己和自己的需要，這是個重新定位的過程。例如，當別人批評你時，憤怒的力量可以促使你反思別人究竟説得對或不對，自己究竟是怎樣的人，不是逆來順受，也不是一味對抗。以堅持去證明給自己看，我還有用，還懷着意義，成為推動自己的力量。

不再感到憤怒
怨天尤人
埋怨自己
憤
怒
憤怒的力量
推動自己的力量
重新了解自己

我是憤怒的人嗎？

1. 我是個易發脾氣的人。

 1. 幾乎不是　2. 有的時候　3. 常常　4. 幾乎都是

2. 我是個脾氣暴躁的人。

 1. 幾乎不是　2. 有的時候　3. 常常　4. 幾乎都是

3. 我是一個很衝動的人。

 1. 幾乎不是　2. 有的時候　3. 常常　4. 幾乎都是

4. 當別人的錯誤拖延我的進度時，我會很生氣。

 1. 幾乎不會　2. 有的時候　3. 常常　4. 幾乎都是

5. 我做到很好卻不被人注意時，我會很不爽。

 1. 幾乎不會　2. 有的時候　3. 常常　4. 幾乎都是

6. 我大發脾氣。

 1. 幾乎不會　2. 有的時候　3. 常常　4. 幾乎都是

7. 當我生氣時，我會口不擇言。

 1. 幾乎沒有　2. 有的時候　3. 常常　4. 幾乎都是

8. 我不能忍受在別人面前被批評，我會很生氣。

1. 幾乎不會　　2. 有的時候　　3. 常常　　4. 幾乎都是

9. 當我遇到挫折時，我會想打人出氣。

1. 幾乎不會　　2. 有的時候　　3. 常常　　4. 幾乎都是

10. 當我做得很好卻得到很壞的評語時，我會很生氣。

1. 幾乎不會　　2. 有的時候　　3. 常常　　4. 幾乎都是

每一題的第 1 個答案代表 1 分，第 2 個答案代表 2 分，以此類推，請你把分數加起來，分數愈高，表示你的生活愈容易被憤怒所主宰。

假如你的分數在 13 以下，你屬於最不會生氣的人。

假如你的分數在 14 至 15，你是較低程度的憤怒。

假如你的分數在 17 至 20，你的憤怒程度是跟別人一樣。

假如你的分數在 21 至 24，你的憤怒程度比較高。

假如你的分數在 29 至 30，而你是男性，你的憤怒程度在很高。

假如你的分數在 25 至 27，而你是女性，你的憤怒程度很高。

假如你的分數超過 30，而你是男性，你的憤怒程度是最暴躁的。

假如你的分數超過 28，而你是女性，你的憤怒程度是最暴躁的。

這裏有個男女的差異。這樣看來，在憤怒這個情緒上，男人比女人還更「情緒化」。

另外，人年紀大了，脾氣就會緩和下來。假如你是 23 歲以下，26 分以上的成績會把你列入最愛生氣的。假如你的年齡是 23 歲以上，那麼 24 分以上的成績才會使你被撥入最愛生氣的。

資料來源：《改變：生物精神醫學與心理治療如何有效協助》（遠流，2010）

7. 面對孩子的一面

要解開工作帶來的負面情緒死結，我們可以學習調整自己。第一種調整是學習 say goodbye。

工作不就是不斷的遇上？遇上事，遇上人，遇上辛勞，遇上困難，當然偶爾會遇上滿足。這樣説也不會錯到哪裏。但我想説，工作是不斷在學習告別這功課，令自己長大。

小時候看着父母出外上班，心中羨慕，希望自己一天都可以上班。畢業時，你真正要告別校園生活，告別多年的同學，走進社會現實當中。校園，不是社會的縮影，而是一個假像。世途艱難和險惡，當你告別學生時代的朋友，認識身邊的同事，漸漸你會發現兩者的不同。當然，那裏都有好人壞人，但分別在於學生時代的純真，面對舊同學「我本來就是這樣子」，是一份毋須再防範的安全感。

告別也是告別昨日的自己。人在校園生活了二十年，總有一點掌握。但**當你踏入社會工作的第一天，你就是告別過去熟識的你，告別掌握的技能，告別以前助你成功的方程式，反而你將會**

看見陌生的自己。這個自己可能是無能，更可能是另一個臉孔。充滿驚訝，充滿期待。

下一階段是告別你的身分。**踏入社會工作可以説是一種「成人禮」，你不再是小孩，而是一個成年人，能夠獨立自主，有能力照顧和承擔。**你固然歡喜，父母不再視你為無能，事事要管。同時，這也是擔子。你要向上司同事家人，甚至社會負責。告別孩童身分，要穿上更堅且重的鎧甲。

而終極的告別，是擺脱自以為無能，無所事事的自己，包括舊我和老我。回到導言所説，放棄舊我老我就是一場個人革命，勇於改變。

所以，告別未必是 say goodbye，也是一種變態。對！工作就是變態。變態的意思，就像毛毛蟲告別稚嫩，破繭而出，化成蝴蝶，就是一種變態。她放棄過去的體態（形象）；放棄蜷伏走路，運用翅膀（技能）；放棄陸地，投向天空（空間）；放棄綠葉，選擇花芯（目標）。

接受和學懂告別，願意離開安舒區，接受未知的將來，迎接新的挑戰，才會掌握成長的契機。

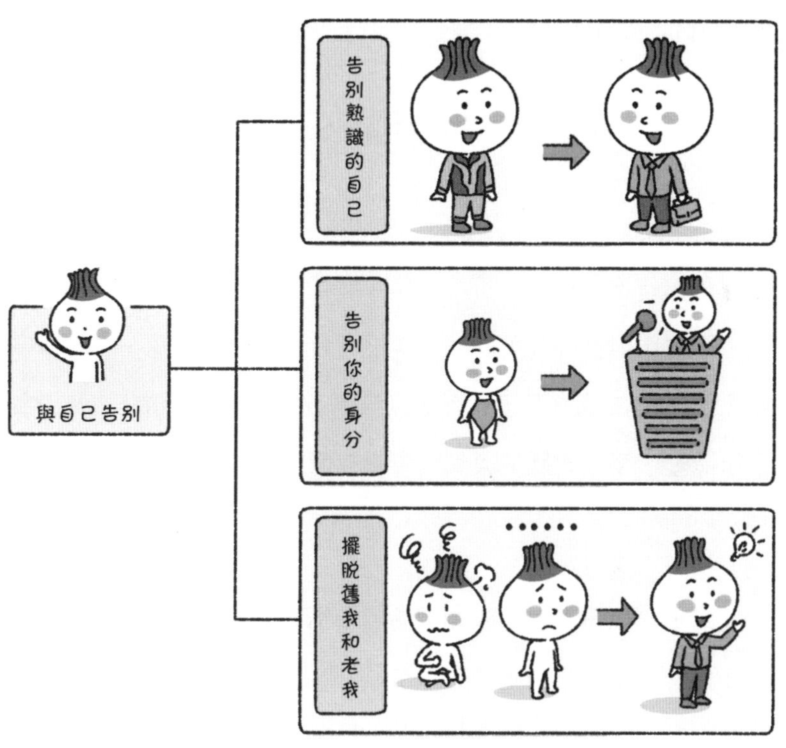
與自己告別
告別熟識的自己
告別你的身分
擺脫舊我和老我

8. 面對已失的初心

如果告別是結束，我們同時得回到起點。有時候，要看清原來的自己，必須尋回初心。

做這行厭這行。一份工無論多有趣，總有一天令人生厭。令人生厭的原因很多，可能是工作沒有新意、性質沉悶、沒有新事物。又有人常說自己已經很老（其實都不過三四十歲），就說自己沒希望，沒法改變。與其說失去熱情或者失去希望，不如說失掉初心。

初心，就是懷着一種剛開始的心情和態度。我曾經參加過一個工作坊，講員吩咐我們想像自己是一個初生嬰兒，到了一個新環境會有什麼感受。試想想，初生嬰兒自然會感到陌生、好奇、雀躍，同時可能是戰競、害怕、迷茫。在一份工呆了幾年，漸漸會失去以上感覺，失去一份好奇心，沒有好奇心就不能學到新事物、以為自己什麼都懂，不懂的就讓自己繼續不懂，不會再找更好的解決方法，認為有些問題是永遠解決不到的……令人失去戰競、失去警惕，容易出錯或造成無心之失，也難找出一些長久和結構性的問題，決心解決。

換另一個説法叫新鮮的眼睛（fresh eyes）。當你到一個新的地方旅遊，總會感覺樣樣新奇，立即拿出手機來拍照。其實你正從當地人覺得平常的事物中，發現了它的不平凡。這就是新鮮的眼睛。初心，包括你的心眼，用一對新鮮的心眼，去發現自己、身邊人的另一面，和工作的獨特性。

初心也是一種放下。

初，即是剛開始，就是沒有歷史，不曾嘗試，放下曾經挫敗的包袱，放下過去的成就，重新開始，努力面前。能夠放下，才能拾起。放下就是放下對自己的成見和批判，這些成見和批判，大部分來源自你的內在焦慮，影響你的情緒和視野，一味讓自己聚焦個人弱點，反而看不到出路和機會。即使你認為自己從頭到尾亦徹頭徹尾是個沒上進心的人，也要學懂放下，放下阻礙自己的灰心、自卑感、挫敗感，問自己：一生停留在這地步？甘心嗎？

可能你説，太遲了。我已經太大年紀，為時已晚。

你可知道每個時候都可以是個好開始？

二十歲是初學習的開始；

三十歲是再定位的開始；

四十歲是發現自己的開始；

五十歲是再學習的開始；

六十歲是享受黃金時代的開始……

直至七十八十都不會停止。

唉……
工作没有新意
失去初心的原因
工作性質煩悶
没有新事物
千篇一律，没法改變

9. 從面對自己到認識自己

有了以上多面的鏡子，就能看清自己，看到個人生命的整全大圖畫，有了大圖畫，才能重新編寫生命的故事，這是真正「屬於你」的履歷表。

一般人預備履歷表時，會把過去的工作經驗逐一填上，一項接一項。不錯，這是好的方法，也是為了應徵的公司而做的。又有誰會純粹為自己做履歷的整理，編寫一個可以代表你生命的獨特故事？**這就是收集過去學習和工作的重要和深刻的經歷，儘量歸納出你的生命軌迹。**

以下有四種可以參考的特性：

第一種是成長型。他認為生命就是從困難和艱苦中成長。可能他在過去的日子感覺困難重重，一個難關過了，另一個又來。他不斷面對和克服，最終發現自己已經成長了，變得成熟，更懂得欣賞自己，又能接納自己的不足。而他的故事，也可以啟發他人。

第二種是關係型。他喜歡人際關係，喜歡跟人結連，更喜歡向他人學習。他一生可能隨時都找師傅或生命導師。當他們遇上工作的挫折時，會立即想起朋友和家人，覺得關係比物質和成就重要，心情就自然好過來。工作的樂趣和滿足來自人際關係。

第三種是戰鬥型。他視挑戰為生命必須的，過關斬將。他的滿足感來自朝自己的目標直衝，來自控制大局，也來自完成挑戰後所得的成功感。他看成敗得失為工作的重要指標，完全是目標導向的人。這種人容易看見自己的成功。

第四種是沮喪型。他感覺好運與自己絕緣。他只會數算自己的失敗和挫折，把很多錯失歸咎自己，或訴諸命運。上天只將好的東西留給他人，自己卻沒有份兒。因此，他們普遍不會把握機會，不是不想，只怕自己再次失敗而感到失落受傷。

編寫職涯故事是一個反省的過程，發現自己是個怎樣的人：悲觀或樂觀；人際或事理；自大或自卑；僥幸或個人努力。如此，生命才有空間和動力去改善工作處境，進而改善自己。

ㄎㄧ
成長型

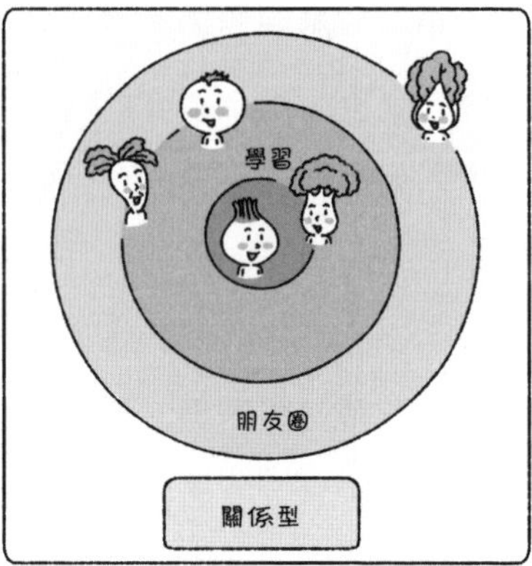
學習
朋友圈
關係型

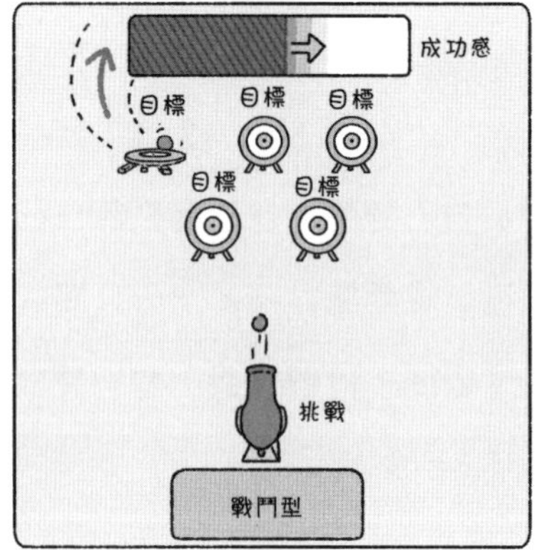
成功感
目標
目標
目標
目標
目標
挑戰
戰鬥型

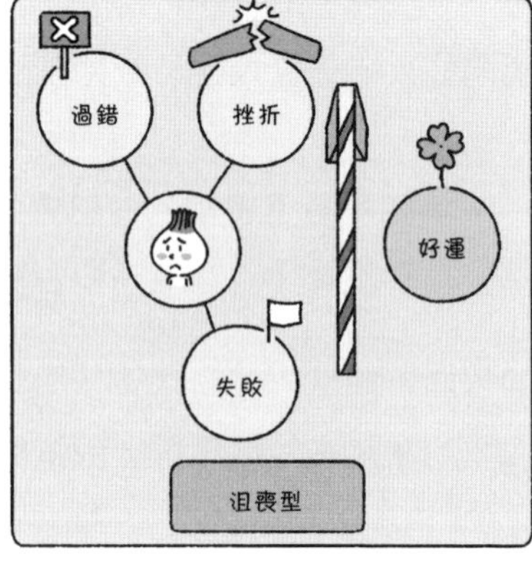
過錯
挫折
好運
失敗
沮喪型

現實，我受夠了

工作狂的反擊

Eason 是廣告公司的 account executive。他入職三個月，工作已經漸漸上手。可是，問題出現了。上司是個工作狂，每天八時上班，晚上九時放工，凡事都很心急。雖然上司沒有指定他要配合她的上班時間，但他總覺得不能比她早放工。

Eason 事事親力親為，不會推搪別人的請求。每次別人有需要，不論是電腦、客戶等問題，他也有求必應。有時工作至深夜，港鐵的尾班車也開了，唯有坐的士回家，有時連晚飯也無暇吃，的確身心疲累。他對自己說，上進是應該的，有什麼問題？有時又想，為何做得如此辛苦？

有次，時鐘指向七點，Eason 已經約了女友，準備離開，不料上司突然走過來，着他準備一份明天開會的文件。他當時心裏想：「搞錯，不一早拿過來？」但口裏不好意思說「不」，還要裝得很樂意，心裏卻非常不滿和焦急，心想：「約了女友！今回必死定了！」於是開始想着如何向她解釋。

這種工作狂，必然是公司裏最早上班，最晚下班的；為了工作，可以約了朋友不惜遲到，甚至取消約會；放假時，腦袋滿是工作、接公司電話 WhatsApp、查工作電郵。總之，他們不會或不能 say No。

面對自我：

這種人可能需要證明自己，怕得不到別人肯定。Say No 等於拒絕別人，也怕招來別人的拒絕，怕別人失望。這種工作狂可能是天生的，因為自信心一直出了問題。

告別無力：

你留意到這構成一種病態嗎？ Workaholic（工作狂）正是由工作和嗜酒兩個字組成。

你知道你的工作範圍嗎？你應份的工作和休息時間是怎樣？

你有沒有預留時間放假，在週末預留私人活動？就是上班時間也要留白？知道留白對你生活的重要性嗎？

當別人又找你幫忙，敢向對方先澄清一下工作的目的、內容細節和死線嗎？留空間給自己平靜詳細地去想：「是我沒信心去推掉嗎？我怕什麼會發生呢？我承受得到這後果嗎？」之後再考慮：考慮可行性，考慮如何推掉它。

與其花時間在工作，不如分點時間去培養信心。

辦公室家嫂的反擊

Carrie 在一間只有數名員工的船務公司工作。公司規模小，幾個人要兼顧所有工作。她只不過比大部分同事早入職幾個月至一年，就已經變成「最資深」的職員。同事事無大小都會問她意見，找她幫忙。她雖然樂意幫忙，但事後總向身邊的人抱怨，大呻自己有多辛苦，有多無辜，薪水和地位有多卑微，最糟的是付出了卻沒有人欣賞。

她有個很體貼的男友。男友最初都會耐住性子聽她訴苦。久而久之，男友開始感到很厭煩，每次勸她不要再替別人工作，甚至轉工，可是她會給男友千個理由，公司不能失去她，她會辜負了同事等……

一次，拍拖周年紀念日。男友本想約 Carrie 安靜甜蜜吃一頓晚餐，怎料，沒幾句，Carrie 又開始投訴上司如何刻薄，同事如何不體諒。男友終於忍耐不住，強硬地對她說：「你可否不要再提你的工作了？我是跟你拍拖，不是跟你的公司拍拖。我不想再聽有關你的公司的任何事情！」Carrie 當時只覺得很氣憤，男友不單不明白，還要給她施壓，反駁說：「我就是這樣的，怎樣？

你既然不喜歡，就不要跟我拍拖好了！」最後，飯也未吃，就氣沖沖地拂袖而去。

面對自我：

這樣的人好像「家嫂」般，工作總是比別人多，有時視自己為拯救者，好像地球沒了他，就不能運轉。而且，他們總會感到別人看不到他們的功勞，甚至可能妒忌別人得到讚賞而自己沒有。最終，他們只會天天在埋怨自己有多悲慘。他們之所以要向世界訴苦，為要博取別人的同情和關心。

告別無力：

由現在開始，減少你的工作量吧！不屬於你的工作，讓別人去做好了。要是你的工作，也可以適當地請別人分擔和幫忙。

緊記一個重要事實，你的公司即使失去了你，仍可以運作如常，不過是多花點時間調整。你的重要性不在於你為公司花多少力量。

不要常常想着自己是世上最苦的人，有時可能是你想太多，以為別人辜負你，有心害你。很多時候，別人根本沒時間去整你。即使你真的感到不公平，也要直接向當事人表達，不要留在心裏，不要只向你的家人愛人埋怨。

將自己變成一個受害者未必得到你應得的愛。只有愛自己，善待自己，才可以脱苦海。

公司小丑的反擊

John 在一家零件公司的營運部工作，天生樂觀，為人搞笑幽默，自然容易成為大眾的開心果。在辦公室內，他總愛説笑，為大家營造輕鬆的氣氛。特別在沉悶的會議上，他會講笑話或是取笑某同事某客戶，扮演他們的説話方式和語氣，維妙維肖，引來很多笑聲。而且，他不愁沒有話題，隨時隨地總可以東拉西扯一番。

可是，他漸漸發現問題出現了。會議時，當眾人開始認真討論，總不會考慮他的意見，他的意見都被視為説説笑而已，甚至同事會無視他的存在。他更發現，當同事要傾談一些重要和嚴肅的事，就不會找他，只會幾個人圍在一邊，細細私語。有些曾經被取笑的同事更開始疏遠他，令他緊張起來。

John 開始感覺擅於搞笑的長處漸漸變成負資產，他擔心沒有人當他是可以認真工作的。他開始想，在辦公室搞氣氛一心只想大家輕鬆一下，期望建立別人對他的認同和信任。怎料，弄巧反拙。

面對自我：

這種搞笑天王在辦公室建立小丑的形象。在他們的內心，一方面以娛樂大家為己任，另一方面可能想獲取別人的歡心和愛戴，甚至不敢面對衝突，利用笑聲去遮蓋尷尬。他們是矛盾的，因為他們既想受歡迎，又想別人覺得他們做事認真。

告別無力：

重新審視自己的工作目標和理想，這才是最優先的目標。之後，就着這目標，重新判斷自己的工作和待人態度。

在一些很沉悶的時候，例如 dead air 或者會議中，嘗試保持沉默，多觀察別人反應，多於自己採取主動。

一笑遮百醜。反省自己在不適當時候説笑，是否因為自己不知所措，不懂回應，或者心裏仍然茫然，只好以笑聲遮掩？

常常問自己，別人的尊重對比受人歡迎，哪個對你比較重要呢？有時不可兩者兼得。

多表達對人的欣賞，少用嘲笑口吻來建立關係。

面對老是處不來的人？

根據 2014 年訪問 37,000 多位日本上班族的調查結果，有職場人際關係煩惱的人比無此煩惱的人更容易失眠。不管是嫉妒還是競爭心，或是對同事感到失望，這些來自職場的「人際壓力」比工作的壓力還令人痛苦，令人沮喪。

很多人都對我說，對工作已經忍無可忍，真想立即劈炮辭職。原因很多：遇上衰老細、遇上不合作的同事、別人跟你玩針對、遭人背後閒言閒語、公司待遇不公平等……離不開「人」的問題。

你會說，這是一種不幸，交上惡運，遇上惡人惡事；心中不滿，有冤無路訴；有時，你也可能怪責自己看不開，自責為何總是放不下這些無謂人。

所以，工作最灰的地方，不是來自工作量，也未必是當中的難關，而是人際衝突；而人際衝突又會傷害自己，可能是感到被忽視、歧視、詆譭、冤枉、無理指責、不公平對待等等。受傷，也可以看成是一種失去，例如失去尊嚴，失去自己本應擁有的東西。

面對人際傷害，不同人有不同的應對方式（4R）：

Resign（請辭）：既然你傷害我，我唯有離開。或許會辭職，或許洗手不幹，或許抽身離場，總之不想面對。

Revenge（報復）：你做初一，我做十五，跟你死過，想盡方法不合作，甚至搞破壞，與你誓不兩立。

Repress（抑壓）：做隻駝鳥，什麼都看不到，或者做個家嫂，忍辱負重；把一切憤慨悲傷全部埋藏下去，用吃喝玩樂麻醉自己。

Resile（抗逆）：這個字有復原的意思，把自己放回本來的位置和狀態。憤怒有時將人帶到失落和失控的境地。復原，就是做回和尋回自己。當你感覺尊嚴被毀，可嘗試重新擁抱自己的價值，欣賞獨有的美好，看清真實的你，而不是別人眼中的你。當你感覺不公平，為自己不值，是時侯重新檢視生命中至關重要的是什麼。

你會如何選擇？大抵，你想選擇復原。

究竟如何復原？復原其實是一種整合，先從複雜的關係困局中看到人際間的焦慮根源，之後逐一整合，一步一步深入內心暗藏的成長陰影；重尋生命中的重要目標，目光放遠一點，才容易走出無力，看清現在的自己。

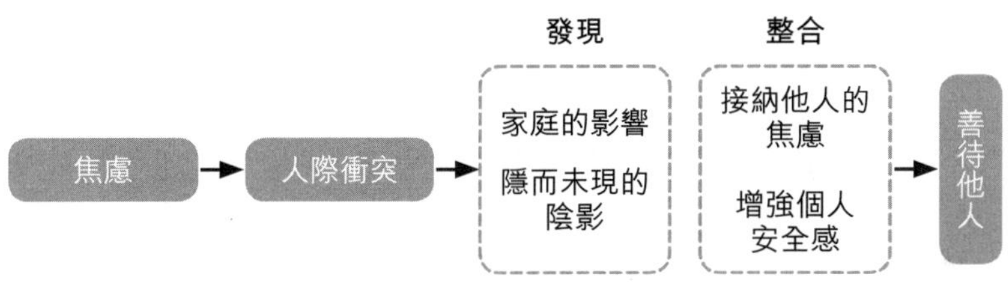

1. 面對個人底層的焦慮

辦公室充滿討厭的人，例如完美主義的上司、執著的同事、情緒化的職員等。這些人都是難纏的，但世事偏偏如此，你愈想避之則吉，愈想擺脱他們，他們卻會自動「埋」你身。他們可會是你命中註定的剋星。

剋星是如何煉成的？

遇上完美主義的上司，你在他眼中永遠都有瑕疵，永遠做得不夠好。你自問盡了力，為何不被看見，反而招來他的諸多挑剔，實在令你氣餒。當你跟凡事執著的同事共事，自會感到無限厭煩，心裏怨恨他為何老是唱反調，又聽不進別人的意見。合作起來，只覺無癮，難以配合。

另一惡頂的人，就是經常在同事面前發脾氣的人，他似乎以為辦公室就是他的家，大家理當忍耐他的情緒。你最怕的，就是他有理無理的向你破口大罵。

奇怪的是，這些同事「總有一個在左近」，偏偏在你身邊出沒，面對他們，其他同事似乎輕鬆過關，唯獨自己面對時，EQ變得甚低，忍無可忍，你甚至幾乎因着他們遞上辭職信。為何偏偏會是自己？

很多專家提出各種人際攻略，教你如何應付這些惡頂的人，這裏嘗試提出另一套思考。**你討厭或害怕的人，往往懷着你性格上的某一部分，這部分可能你稍稍知道，也可能是隱藏的。**這些部分之所以隱而未顯，很多時候因為你根本不想面對。

例如完美主義的上司正反映你不喜歡自己不達標，或很渴望別人認同；執著的同事可能反映了你內心也有執著，但不敢説出來；會發脾氣的同事可能反映你或者也想肆意發洩，但一直抑壓下去。

你以為你討厭的是身邊的同事，卻沒發現不喜歡的人原來是自己。世上無人完美，人總不想看到不完美的一面。**當你在職場上遇上自己的「陰影」（Shadow），就會招架不住。**原來，面對自己，才是面對他人的開始。

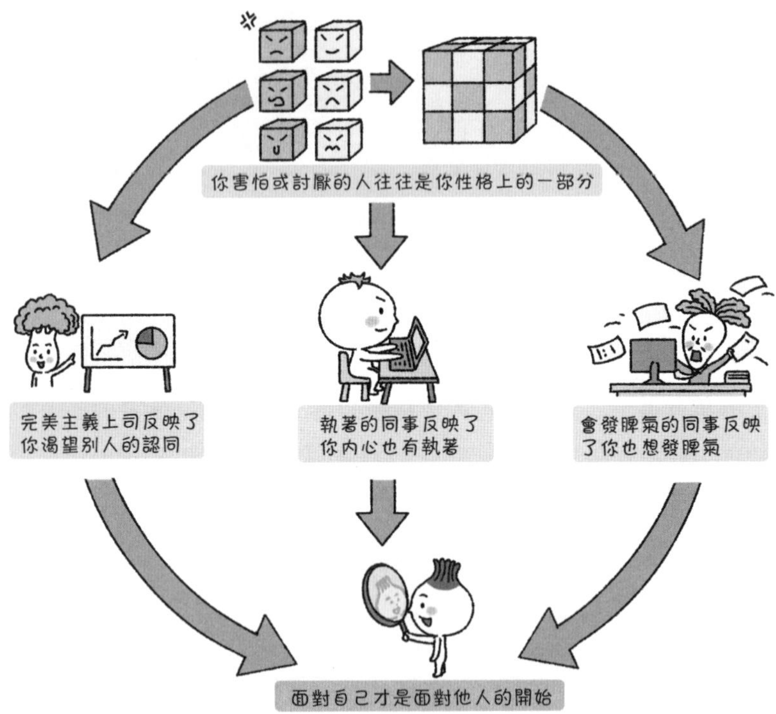
你害怕或討厭的人往往是你性格上的一部分
完美主義上司反映了
你渴望別人的認同
執著的同事反映了
你內心也有執著
會發脾氣的同事反映
了你也想發脾氣
面對自己才是面對他人的開始

尋找你隱而未見的人際風格

1. 跟別人爭執時，你是否給人一種「頑固」的感覺？

   是→請到第 2 題

   不是→請到第 3 題

   還好→請到第 4 題

2. 跟別人競爭時，你通常覺得興奮，情緒高漲嗎？

   是的→請到第 4 題

   還好→請到第 3 題

   不是→請到第 5 題

3. 與人爭論會使你感到不安嗎？

   是的→請到第 5 題

   不是的→請到第 4 題

   還好→請到第 6 題

4. 你覺得自己有義務堅持你認為正確的觀點嗎？

   是的→請到第 7 題

   不是→請到第 5 題

   不知道→請到第 6 題

5. 你喜歡跟持不同意見的人相處嗎？

是的→請到第 8 題

還好→請到第 6 題

不喜歡→請到第 7 題

6. 如果你到了一個地方卻無法進入，你會騙過保安讓你進去嗎？

會→請到第 7 題

不會→請到第 8 題

目前還沒有試過→你是 A 型人

7. 不管你多麼着急，你還是不會插隊嗎？

是的→請到第 9 題

不是→請到第 8 題

不知道→請到第 10 題

8. 如果你能偷偷溜進電影院，你會這麼做嗎？

會→你是 A 型人

不會→你是 B 型人

還好→請到第 9 題

9. 有時候，你會盡力與得罪過你的人和解嗎？

是的→你是 D 型人

沒有→你是 C 型人

目前還沒有，不確定將來會不會這樣→你是 A 型人

10. 如果店家忘記向你收錢，你會選擇不提醒他嗎？

是的→你是 D 型人

不是→你是 C 型人

不知道→你是 B 型人

A 型人　主動化解衝突，簡單就能化敵為友！：你是個生性爽朗的人，也因此容易被他人看穿。一旦你對旁人產生敵意，會非常明顯，進而影響到你的職場關係。但也因為你的性格，當你對一個人產生誤解時，建議主動與對方聊聊，彼此了解後，就能簡單化解衝突，甚至與對方化敵為友。

B 型人　過於自卑，敵意都由自己產生！：你是個沒自信的人，你認為其他人比你優秀，他們讓你在「資源爭奪」上處於劣勢，因此你會下意識產生敵意與對方競爭，促成不友善的環境。每當這種妒忌心產生時，記得重新檢視自己，想想是不是你又不自覺放大別人的優勢、弱化自己了呢？

C 型人　試着以同理心，理解他人的難處！：你是個頭腦機靈的人，但看待人事物較為主觀，喜歡以自己的角度去詮釋別人，會過於依賴自己的小聰明，把別人的困難看得過分簡單，唯一的方法就是自己親手做做看，才能以同理心理解他人，化解誤會。

D 型人　釋放負能量，就能消解衝突！：你是個善良的人，一旦與他人產生衝突，就會放大負面的情感，影響你本身的狀態。與其追根究底去理解人際衝突的原因，不如跟你親密的朋友家人談談心事，藉着交談釋放負能量，敵意也會跟着淡化了。

資料來源：https://www.ettoday.net/dalemon/post/21650#ixzz56hCDNDvY?

2. 面對人際底層的焦慮

給同事寫電郵或 WhatsApp 追公事，有些人總是已讀不回；有些最會挑工作，把最困難的部分留給你；有些總是反對你，又不提出建設性意見……合作是世界上其中一件最難的事。有時，你寧願自己做，也不想跟難纏的人合作，不想要衝突。可惜，合作和衝突一樣，在所難免。

要了解合作，就要了解團隊。不能合作的，就算是一班人，也不算是團隊。團隊不是理所當然地團結，但起碼會以一個中心目標聯繫大家。例如，每間公司都有自己的商業使命，每項工作計劃都會設目標。要每個人都掌握和認同這目標固然不易，更難的是，即使大家都說自己正朝向這目標努力進發，每個人內心的焦慮和需要還是會在過程中陸續出現。**當大家一起合作，這個人的焦慮會跟那個人的焦慮相碰，問題就出現了。**

這叫做:當焦慮遇上焦慮。似乎難明。我嘗試給你一個例子。

Ada 懷疑自己的工作能力，而且怕地位不保，一心設法保着工作；Bryan 正藉上位時期，希望給上司看到自己的表現、成績，擔心一旦錯失這機會，又不知要等何時。大家懷抱着各自的內心焦慮，抓着對自己最有利、最少焦慮的方式和態度做事。結果，Ada 和 Bryan 就產生不必要的心病和猜疑了。可悲的是，一個人以為對自己最有利的行動（例如：不想立即回覆不確定內容的電郵），也許是引起別人最不想遇見的焦慮（例如，最討厭別人有事不回覆）。當兩種焦慮相遇，自然引起更大的矛盾，而這矛盾就會變成關係的焦慮和張力。

這說明了矛盾來自一個人的情感死穴遇上另一個人的情感死穴，如果人能先看見自己的死穴，就比較容易避免硬碰別人的死穴。

現實中，很多人都知道要合作，但沒有人打從心底想分工合作，每個人都只為自己找位置和生存空間。這樣的想法有錯嗎？理論上沒錯。而這裏只想說明，**完全不能合作的人，其實只是一個滿有焦慮，沒有安全感的人。**但是，當你願意與人合作，從過程中就能鍛鍊和增強自己內在的安全感和自信。

大家一起合作
焦慮
焦慮
焦慮會撞擊在一起
從合作的過程中鍛鍊
和增強內在安全感
從合作的過程中鍛鍊
和增強自信

3. 面對家庭的影響

這部分跟上文有密切關係。很多時候，我們在人際上的焦慮或者行為，都可能受家庭和成長經歷影響。

辦公室不是你的家，你也不想辦公室變成你的家。然而，很多時候，你見同事的時間、跟同事談話的機會比跟家人還要多；甚至，我們很自然將自己在家庭中成長、或未成長的部分，不知不覺帶進職場。

Shuky 在家中是「小公主」。為了興趣，她當上空姐。一向十指不沾陽春水的她，竟然要在飛機上招呼人。同事取笑她什麼都不懂，一遇上困難，就立即高聲求救，大驚小怪，甚至有時會向同事、上司呼呼喝喝，大家封她為「大小姐」。但是，Shuky 不知道自己的問題，也不清楚別人取笑她什麼，認為只是做自己，反正平常在家也是如此。這種公私不分的情況，其實不罕見。

Alex 在旅行社做文職工作。上司是個充滿能力和魄力的人。剛剛入職半年，Alex 固然想表現自己，而上司也曾稱讚他有潛質。一年過後，他感到愈來愈吃力，因為上司對他的要求不再跟第一年一樣，反而愈來愈高，愈來愈過分。他一直很想得到上司肯定，卻往往換來他的質疑：「你怎麼搞的？」Alex 內心對上司開始不滿，常常嚷着要轉工，但朋友們都聽慣他這説法，覺得他本來就喜歡這工作，絕對不會輕易言退的。原來，Alex 的爸爸是個很嚴厲的人，事無大小都把他批評得體無完膚。於是，他內心一直渴望有個像父親的人給他肯定，而他一心以為那個人就是現在的上司。

職場上，我們與同事的關係實在密切，容易將家庭中的關係，或者對某些家人的情意結投射在同事、上司身上而不自知。有時候，情意結不解，跟同事的糾纏也難分難解，與其內裏不甘或自責，不如自己靜下來，細想之前提過，**到底個人內在有對他人產生焦慮嗎？而那些焦慮又與你在成長中和家人的相處有關係嗎？**

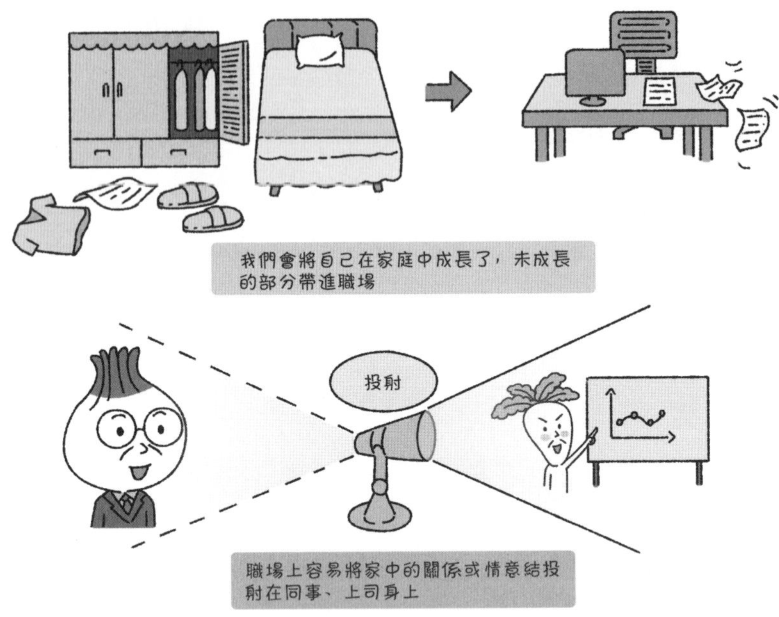
我們會將自己在家庭中成長了，未成長的部分帶進職場
投射
職場上容易將家中的關係或情意結投射在同事、上司身上

家庭對你的影響：

第一步：

回想在兒童或青少年期（並非成年後的你），你察覺父親和母親有什麼的性格特質，如急躁、憂鬱、沉默等，分別寫上你當時喜歡和討厭的，儘量寫，愈多愈好，至少每格五項。

第二步：

看看你寫上的各種特質，把你覺得跟自己相似，或者完全相反的，都一一圈出來。

第三步：

看看你圈出來的結果，思想你如何受父母影響，你喜歡和討厭自己哪些特質？

	父親	母親
你喜歡的性格特質		
你討厭的性格特質		

4. 人際關係的整合

同事的性格各有不同，令合作難上加難。前文説過，合作困難，因為每個人都帶着各自的焦慮和需要。一旦合作起來，焦慮和需要就會彼此磨擦，但磨擦不是終點，終點是磨合──「磨」擦之後可以「合」作起來。

什麼是磨合？就是整合（integration）。要整合，因為有磨擦；有磨擦，因為團隊內各有不同。各人有所不同是自然的，所以整合是必須的。整合的目的，不是讓各人能分工，這只是各做各的事，各自的焦慮還是繼續撞擊。所以，**整合以前必先要有一種信念──合作是必須的，彼此需要對方，並將專注從個人的需要轉向，相信我們都需要與別人合作，才能滿足自己的需要，才可以減低各自的焦慮。**

Integration（整合）跟 integrity 有關，意思是完整和正直。所以，**整合是一種做人態度。抱持這種態度的人重情又重理、言行一致、注視內在與外在世界、正義與善良**……基本上你是個怎樣的人，已可以反映你能否與人合作，也可以反映了別人會否願意跟你合作。換個説法，你是怎樣的人，就反映你能建立怎樣的人際關係。工作上有良好的關係，知道要與同事分擔焦慮，自能減輕焦慮，而在低焦慮的環境中，才容易產生良好的合作。

整合也需要先有個人的整理，特別是整理在合作中產生的焦慮。調整和重新提醒自己，上述的信念和態度，也整理個人的安全感問題，不斷為自己在職場上重新「定位」，看清在工作上的位置。例如：

- 如今我身處什麼境況？
- 我滿意嗎（工作和自己）？為什麼？

整理，讓自己那被工作和人際矛盾撕得四分五裂的破碎心靈，有喘息機會，有修復機會，做回一個較完整的自己。較完整的你，就是接受個人的黑暗面、光明面、優勢、弱勢、恐懼、憤怒……（可參考上一章的內容）有能力忍耐和接受懷着焦慮的人，與他們繼續謀求合作。

整合是人生的重要目標，人一生有無數的矛盾和掙扎。我們不能除去矛盾，只有與它共存。共存的方式就是整合。

整合的目的是讓各自的焦慮繼續碰撞
整合是一種做人的態度
整合也需要個人整理

你在團隊中扮演哪一種角色？

團隊角色理論也叫貝爾賓團隊角色理論（Belbin team roles），是貝爾賓（Dr. Raymond Meredith Belbin）教授提出的團隊角色模型。其基本思想是：沒有完美的個人，只有完美的團隊。在團隊中，你承擔的是什麼角色？

對下列問題的回答，可能在不同程度上描繪了你的行為。每題有八句話，請將 10 分分配給這八個句子。分配的原則是：最體現你行為的句子得分最高，以此類推。也可能是 10 分全部分配給其中的某一句話。根據你的實際情況把分數填入後面的表中。

1. 我認為我能為團隊做出貢獻的是：

A、我能很快發現並把握住新的機遇。

B、我能與各種類型的人一起合作共事。

C、我生來就愛出主意。

D、我的能力在於，一旦發現某些對實現集體目標很有價值的人，我能及時把他們推薦出來。

E、我能把事情辦成，這主要靠我個人的實力。

F、如果最終能導致有益的結果，我願面對暫時的冷遇。

G、我通常能意識到什麼是現實的，什麼是可能的。

H、在選擇行動方案時，我能不帶傾向性，也不帶偏見地提出一個合理的替代方案。

2. 在團隊中，我可能有的弱點是：

A、如果會議沒有得到很好的組織、控制和主持，我會感到不愉快。

B、我容易對那些有高見而又沒有適當地發表出來的人表現得過於寬容。

C、要是集體在討論新的觀點，我總是説得太多。

D、我的客觀算法，使我很難與同事們打成一片。

E、在一定要把事情辦成的情況下，我有時使人感到特別強硬甚至專權。

F、可能由於我過分重視集體的氣氛，我發現自己很難與眾不同。

G、我易於陷入突發的想像之中，而忘了正在進行的事情。

H、我的同事認為我過分注意細節，總有不必要的擔心，怕把事情搞糟。

3. 當我與其他人共同進行一項工作時：

A、我有在不施加任何壓力的情況下，去影響其他人的能力。

B、我留意防止粗心和工作疏忽。

C、我願意施加壓力以換取行動，確保會議不是在浪費時間或離題太遠。

D、在提出獨到見解方面，我是數一數二的。

E、我總是樂於支持對大家共同利益有關的積極建議。

F、我熱衷尋求最新的思想和新的發展。

G、我相信我的判斷能力有助於做出正確的決策。

H、我能把最基本的工作，組織得井井有條。

4. 在工作團隊中的特徵是：

A、我有興趣更多了解我的同事。

B、我經常向別人的見解進行挑戰或堅持己見。

C、在辯論中，我通常能找到論據去推翻那些不甚有理的主張。

D、我認為，只要計劃必須開始執行，我有推動工作運轉的才能。

E、我有意避免使自己太突出或出人意料。

F、對要承擔的任何工作，我都能做到盡善盡美。

G、我樂於與工作團隊以外的人進行聯繫。

H、儘管我對所有的觀點都感興趣，但這並不影響我在必要的時候下決心。

5. 在工作中，我得到滿足，因為：

A、我喜歡分析情況，權衡所有可能的選擇。

B、我對尋找解決問題的可行方案感興趣。

C、我感到我在促進良好的工作關係。

D、我能對決策有強烈的影響。

E、我能適應那些有新意的人。

F、我能使人們在某項必要的行動上達成一致意見。

G、我感到我身上有一種能使我全心投入工作的氣質。

H、我很高興能找到一片可以發揮我想像力的天地。

6. 如果突然給我一件困難的工作，而且時間有限，人員不熟：

A、在有新方案之前，我寧願先躲進角落，擬定出一個解脫困境的方案。

B、我比較願意與那些表現出積極態度的人一塊兒工作。

C、我會設想通過用人所長的方法來減輕工作負擔。

D、我天生對自己有緊迫感，這將有助於我們不會落在計劃後面。

E、我認為我能保持頭腦冷靜，富有條理地思考問題。

F、儘管困難重重，我也能保證目標始終如一。

G、如果集體工作沒有進展，我會採取積極措施加以推動。

H、我願意展開廣泛的討論，旨在激發新思想，推動工作。

7. 對於那些在團隊工作中或與周圍人共事時所遇到的問題：

A、我很容易對那些阻礙前進的人表現出不耐煩。

B、別人可能批評我太重分析而缺少直覺。

C、我有做好工作的願望，能確保工作持續進展。

D、我常常容易產生厭煩感，需要一兩個有激情的人使我振作起來。

E、如果目標不明確，讓我起步是很困難的。

F、對於我遇到的複雜問題，我有時不善於加以解釋和澄清。

G、對於那些我不能做的事，我有意識地求助於他人。

H、當我與真正的對立面發生衝突時，我沒有把握使對方理解我的觀點。

題號		CW		CO		SH		PL		RI		ME		TW		FI
1	G		D		F		C		A		H		B		E	
2	A		B		E		G		C		D		F		H	
3	H		A		C		D		F		G		E		B	
4	D		H		B		E		G		C		A		F	
5	B		F		D		H		E		A		C		G	
6	F		C		G		A		H		E		B		D	
7	E		G		A		F		D		B		H		C	
總分																

很少有人只有一種特性，大多數人都是同時具有多種特性，但一般在兩到三種特性方面表現突出。你在以下九種團隊角色（CW，CO，SH，PL，RI，ME，TW，FI）中，比較高分是哪一兩種？

1、**實幹家**（Company Worker，**後來改稱為** Implementer，CW）：**典型特徵**：守紀律、可信賴、保守、高效、把想法付諸行動，有組織能力、實踐經驗；工作勤奮；有自我約束力。**可接受的弱點**：有些固執，缺乏靈活性，應變能力弱；對沒有把握的主意不感興趣。**在團隊中的作用**：把內容與建議轉換為實際步驟；考慮什麼是行得通，什麼是行不通的；整理建議，使之與已經取得一致意見的計劃和已有的系統相配合。

2、**協調員**（Coordinator，CO）：**典型特徵**：成熟、自信、可信賴、好主席、目標明確、能促進決策，有控制局面的能力。**積極特性**：對各種有價值的意見不帶偏見地兼容並蓄，看問題比較客觀。**能容忍的弱點**：在智能以及創造力方面並非超班。**在團隊中的作用**：時刻想着團隊的大目標，有明確的團隊目標和方向；選擇需要決策的問題，並清楚知道它們的先後順序；幫助確定團隊中的角色分工、責任和工作界限；總結團隊的感受和成就，綜合團隊的建議。

3、**推進者**（Shaper，SH）：**典型特徵**：有活力、外向、思維敏捷；坦蕩；主動探索。**積極特性**：積極，主動，有幹勁，隨時準備向傳統、低效率、自滿自足挑戰，有緊迫感，視成功為目標，追求高效率。**能容忍的弱點**：易激動、好激起爭端，衝動，易急躁，容易給別人壓力；説話太直接，雖然 SH 總是就事論事，卻經常傷人不傷己。**在團隊中的作用**：尋找和發現團隊討論中可能的方案。

4、智多星（Plant，PL）：**典型特徵**：有創造力、想像力、善於打破常規、解決困難問題，有個性；思想深刻；不拘一格。**積極特性**：才華橫溢；富有想像力；智慧；知識面廣。**能容忍的弱點**：高高在上；不重細節；不拘禮儀，可能不善與普通人交往。**在團隊中的作用**：提供建議；提出批評並有助於引出相關意見。

5、外交家（Resource Investigator，RI）：**典型特徵**：性格外向、熱情、健談、探索機會，好奇心強；聯繫廣泛；消息靈通，是信息的敏感者。**積極特性**：有廣泛聯繫人的能力；不斷探索新的事物；勇於迎接新的挑戰。**能容忍的弱點**：一時熱情後很快失去興趣。**在團隊中的作用**：提出建議，並引入外部訊息；接觸持有其他觀點的個體 / 羣體。

6、監督員（Monitor Evaluator，ME）：**典型特徵**：清醒；理智；謹慎。**積極特性**：判斷力強；分辨力強；講求實際冷靜、有戰略眼光、有判斷力、看事情全面、善於做出判斷。**可接受的弱點**：缺乏推動和鼓舞他人的能力；自己也不容易被別人鼓動和激發；缺乏想像力，缺乏熱情。**在團隊中的作用：**分析問題和情景，對繁雜的材料予以簡化，並澄清模糊不清的問題、對他人的判斷和作用做出評價。

7、凝聚者（Team Worker，TW）：典型特徵：愛社交、溫和、善解人意、樂於助人、傾聽、營造力、避免不和，擅長人際交往；溫和；敏感，是人際關係的敏感者。**積極特性：**有適應周圍環境以及人的能力；能促進團隊的合作；傾聽能力最強。**可接受的弱點：**在棘手環境下優柔寡斷。**在團隊中的作用：**給予他人支持，並幫助別人；打破討論中的沉默；採取行動扭轉或克服團隊中的分歧。

8、完美主義者（Completer Finisher，FI）：典型特徵：勤奮有序；認真；有緊迫感。**積極特性：**理想主義者；追求完美；持之以恆吃苦耐勞、盡職盡責、嚴肅、善於發現錯誤、守時。**可接受的弱點：**有時過度憂慮、不願授權他人，拘泥於細節；焦慮感（注意和 SH 的不同，SH 有緊迫感，但 FI 是焦慮感）。 **在團隊中的作用：**強調任務的目標要求和活動日程表；在方案中尋找並指出錯誤、遺漏和被忽視的內容；刺激其他人參加活動，並促使團隊成員產生時間緊迫的感覺。

資料來源：https://kknews.cc/zh-hk/news/jrjenol.html

現實，我受夠了

別人不喜歡我的率直

Cat 是報紙副刊記者。她常常被人稱呼為 Cat 姐，或者叫辣椒妹，因為她對很多事總有意見，總有不滿。表面上，同事叫她 Cat 姐，可是背後感到她很麻煩，認為本來一件很簡單的事，為了解答她的問題，需花上更多時間去討論，費時失事。

其實，在 Cat 的心底，覺得不明白就要澄清。而且，她很多時候都覺得別人説話不清不楚，沒有足夠理據支持。最初，她覺得自己對事不對人，多問一句沒關係。可是，她漸漸感到同事與她有芥蒂，午飯未必找她，開會時又會被人打斷話題。

一次，她看了同事的稿件，發現有疑問，不懂他的思想邏輯，於是拿起文稿走到同事的桌邊，説：「其實你在寫什麼？我看不懂！」同事勃然大怒，反駁：「你説什麼？這又與你何干？既然你什麼都不滿意，你自己做吧！」Cat 當時覺得很氣憤，對方竟然惡人先告狀，自己問一句有錯嗎？

她說：「你控制一下自己的情緒，好不好？」對方說：「你控制下你自己的口吧！」

率直的優點是獨立思考，但缺點是不太敏感別人的感受，只想着問自己要問的問題，他們認為他們對事不對人，因為事比人重要，但人和事其實同樣重要。另外，他們很着重規矩和原則，說一是一，二是二，彈性欠奉。又或者，他們總愛找出與別不同的想法，令事情不平凡。這些人，的確得罪人多。

告別無力：

你要問自己，你是否一個心急的人？你是否一個邊想邊說的人？眼明手快，不代表你要心直口快。有意見，要先想清楚如何說出來。

你急於表達反對意見，為什麼？怕出錯？證明自己？不可一世，要貶低他人？這些心態都是出自你的焦慮。

你有沒有留意別人的情緒？甚至想像他人可有什麼焦慮？

除了辯論能力，你有整合的能力嗎？就是了解別人的意見，之後在上面加以建設，令他的論點更美好。這就是整合能力。

找個信任的人做你的鏡子。每次討論完畢，不妨問問他的意見，剛才自己的語氣表達有沒有不妥，會否得罪人？

別人覺得我很自戀

我覺得工作狂的人近乎是自戀（narcissistic）。自戀不純粹是自己愛自己，意思是完美主義，將自己看為無所不能，對自己和對事物的期望過高，永遠活在理想化的夢幻王國當中。結果就是做人沒有底線。沒底線的危機是把自己推到極致，甚至過了極限；二是不期然把身邊合作的夥伴和同事也推到最盡，過了極限。

Tracy 對努力工作有種歪曲的理解。她認為勤力就代表要加班，甚至隨時 on call。Tracy 可能是天生工作狂，生來就喜歡工作。有些人更可悲，因為上司或同事是工作狂，也被迫變成工作狂。

最常見的現象，是理想化的自戀型上司遇上理想化的自戀型下屬。自戀的上司為了個人的成就，無所不用其極，不擇手段地折磨自己的下屬，還振振有詞地說出非常亮麗的話，指出為何要去到盡。他根本自以為是上帝，什麼都能，誰都要向他效忠。自戀的下屬不是不知死活，當然明白上司的無理，可是覺得不能推辭，一旦推辭就表示自己不忠誠，沒能力，最終跟自戀的上司玩這場自戀遊戲。

換句話說，以上兩種人都有一種強迫症（compulsive）的病態，誓不罷休。長期強迫症會導致另一問題，就是太浮躁（impulsive），以為自己萬事都能，就漸漸失去計算代價和後果的能力，變成慣性。

告別無力：

先要了解自戀是源自內心的焦慮，例如成長中不被肯定，欠自信，常常要證明自己。自戀型的人大都是表面強大，內裏脆弱，往往有種自我不察覺的能力和身分危機，要以不斷進步，追求完美的方式保護那份內心的脆弱，以成就或別人肯定去維持表面的強大，不敢接觸自己內裏的真實面貌。

所以，嘗試肯定自己，找出可肯定自己的人和事，有什麼地方可能跟他人配合合作，之後為自己制訂限制、底線，有限制、有底線才代表你是成熟，知分寸才是真正自我肯定的能力。

經常遇上 old seafood

很多人説一代不如一代，覺得新入職的一代工作態度出問題，甚至不尊重舊人；然而，新一代又覺得舊人常常扮大牌，裝作什麼都懂，又不願意幫忙，正是「老油條」。兩代之間的矛盾可能跟大家的年紀和背景有關，也與彼此的思想狀態有關。

很多時候，新人最需要被看見，正如 Jason。Jason 剛加入一間新公司。當他來到這個陌生的地方，不想變成隱形人，自然嘗試做點成績。內心的渴想轉化成壓力，這種壓力令 Jason 更緊張、更敏感。最近他遇上公司的老臣子，老臣子總對 Jason 的工作評頭品足，但 Jason 一旦向他請教，他又説沒什麼。令 Jason 天天抓狂，最後變成反目，常常爭執。

究竟這是一種怎樣的焦慮呢？

新人一旦遇上舊人的批評或者冷言冷語，可能為了保護弱小的心靈而反擊；敏感也可能是新人把自己的能力過度「理想化」，把事情想得不切實際，或者輕視工作的難度。同時，新人雖然口硬，但自信心未夠，覺得舊人的提携和體諒是應份的，對舊人也有點「理想化」的想像。舊人看在眼裏，覺得新人做事不踏實，認為舊人的幫忙彷彿「老奉」，自是不情不願了。

至於舊人最需要的是被尊重。尊重不單是面子問題，更代表穩固的地位。為了穩住自己的位置，可能會踩低新人這心理上的潛在競爭對手，所以事事過問，事事批評；又或者恃老賣老，要教訓新人，讓他們知道自己仍未達標，公司仍然需要他們這班舊人。如此看，舊人也將自己的地位「理想化」，認為新人要對舊人尊師重道，這也是一種「理想化」的態度，其實舊人只是為了對抗內心的不安。

告別無力：

從心理角度看，當人遇上陌生的環境或人，或多或少會用上「理想化」去對抗內心的不安。人與人在不明白對方的情況下，容易產生磨擦、誤會。化解方法就是察覺別人不安的源頭，加一點接納體諒，別人對你的防衛就自然減輕。

別人覺得我很執著

Martin 一直感覺同事疏遠他，甚至有時被針對，說什麼都招來大眾反對。他不明白。

原來其他同事一直認為 Martin 是個固執的人，從不聽人意見，只顧發表個人偉論；有時嘴上說明白，最後總是婉轉地推卻他人的建議；或是意見接受，態度照舊。可是，Martin 看不到自己的固執。

雖說人要擇善固執，但跟固執的人合作，絕對不容易，甚至很痛苦。固執，就是看不到事情的另一面，思想平面而不立體。

不難理解，固執是一種自我保護。表面上，覺得自己的想法很「強」而需要堅持，內裏卻是害怕想法不夠「強」，要加以防衛，甚至到了很難把別人的說話聽入耳的地步，抑或聽了也立即找到可攻擊的地方，又或者思想上扭曲別人的意思。

深入一點說，固執的人一旦遇上不安，便會啟動防衛機制，這機制將是非黑白過度分裂（splitting）。例如，把自己認為對的事情看成絕對的對，將不同意或影響自己意見的事看為徹底的錯，而黑白之間沒有中間點，沒有妥協的餘地，否認其他可能性。

告別無力：

如果你不易發現自己的固執，可能是你對內心世界一無掌握。你可以試這樣想：

你通常只看到自己的「對」，代表不易接受自己的「不對」；只想要自己的「好」，就是不想見自己的「不好」。一個人不能承受自己的好與不好，自然會為了永久保存好的部分，而拒絕不好的部分，例如，不想聽到任何指出自己可能有錯的聲音。

要面對固執的人，看出他們一顆弱小的心靈，你只有保護他們。你愈想爭論，他們思想愈是牢固。聆聽，就是聆聽他們話中的核心重點，和內裏需求的認同，找出他們的好。既然他們不想你改變他們，你不如放下這念頭。他們也自然漸漸安心。

小結：接納，是最佳的療癒

當人感到無力，先從最灰的地方：工作與關係上追本溯源，重新面對自己，面對他人；目的要以嶄新的角度去看自己和他人，以致可以接納自己曾受過傷，他人也有苦衷。接納，就是善待自己，善待他人。

記得前文提到的 4R（請辭、報復、抑壓、抗逆）嗎？這四方面處理人際紛擾的手法正代表一個人能夠面對自己和面對他人（見右圖）。只有認清自己的立場和接納自己需要，同時了解他人的焦慮和需要，才會產生真正的內在動力及同理心，這就是最好的面對現實，和人際抗逆的方法。

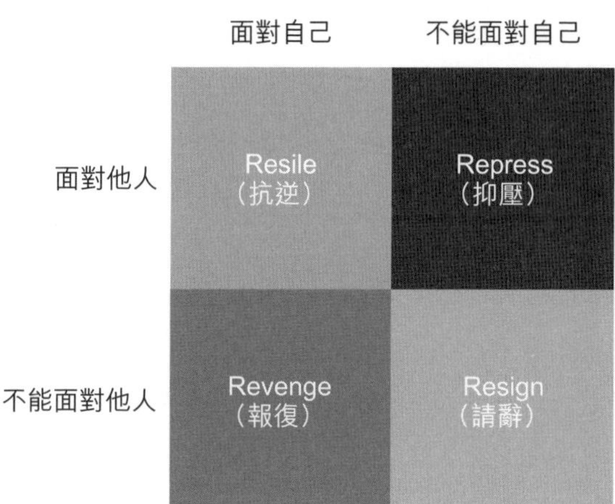
面對自己
不能面對自己
面對他人
不能面對他人
Resile
（抗逆）
Repress
（抑壓）
Revenge
（報復）
Resign
（請辭）

現在：重塑空間

放下包袱，創造生活空間

當一般人視發呆是無聊，有一位南韓藝術家 Woops Yang 卻視發呆為一種生活藝術，創辦了一個發呆比賽（Space-out Competition），目的是讓普羅大眾徹底改變對發呆的觀念，發現發呆可以是好事，期望大眾可以改善一下生活模式。

比賽中，參加者必須全程發呆，90 分鐘內不准做任何事，稍一分神就會被淘汰。每 15 分鐘會有專人量度心跳脈搏，心跳脈搏最穩定者為之勝出。而第五屆國際發呆比賽於 2017 年 10 月在台灣舉行，竟然由一位香港科大學生奪得冠軍。

發呆換一個優雅的名字，叫「放空」，英文叫 space out。放空的意思是有意識地為自己留一點時間與空間（space），什麼都不做，什麼都不想，讓身體思緒和靈性自由遨翔於這個留白的空間。

早在上一個世紀，德國心理學家 Georg Elias Müller 及 Alfons Pilzecker 就人類的短期記憶力進行研究。他們把對象分為兩組，要他們背誦一連串無意義的音節。一組完成後立即獲發另一組音節再背誦，另一組則可休息六分鐘才繼續另一組音節。測試後，發現中途有休息的一組記起多50％的音節。

放空，對香港人來說，實在太奢侈，太無謂了。香港人講實際，總是覺得時間不夠用。由四歲小孩子上11個興趣班的贏在起跑線開始，到上進上位賺到盡的成年人世界，都是爭分奪秒。就是平常的日子，香港人都不容許自己有閒置的空間，車廂中的人都是瞪着手機，手指不斷滑；放工晚上回家，老是上網也不願睡，不願安靜；飯局時，當對面的朋友瞥一瞥手機，怕自己被冷落，就立即拿出自己的手機亂掃，恐怕一旦沒事做，沒話說的空白。總之，忙、趕、衝。

空白，是你怕寂寞，怕接觸內在的焦慮，怕望到想不通的困局，怕發現自己原來是個內心空洞的人。留白，就是守護和擴張空間，為了過渡生活中遇上的各種焦慮。是一種過渡性空間。

留白，是一種生活選擇，有目的地選擇放下一些不必要的事。空，讓我們沉澱，讓我們休息，讓我們回歸心中的真實渴望，也讓我們重燃動力，去填補那段留下來的白。

要知道暫時停止努力，是為了預備未來。懂得留白的人生，才沒有白過。

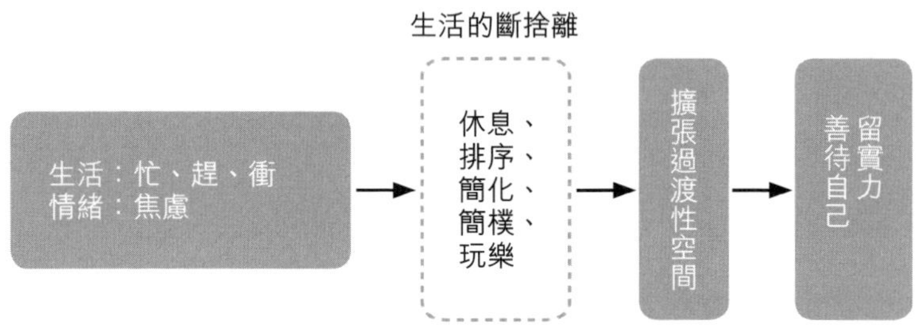

1. 以休息為本

倘若上司看到這標題，他們一定不爽，指責怎可以以休息為本去工作，不就是練精學懶。一個有趣的説法是：休息，工作，再工作，休息就是為了更好地工作。

我不是想跟天下間的上司作對，其實我對休息有另類的定義。

休息第一個定義就是空間。**工作需要空間，空間給人透氣，正如留白的故事與畫作，給人想像力；也因為有透氣空間，才能產生更多想像可能性，因此也可能為人帶來希望。**

日常我們為自己訂時間表時，都先會因應工作日程：或會議，或進度，把工作填入時間表內，剩餘的時間，才是休息空間。但是，結果總是工作滿滿，應酬滿滿，而給自己個人的空間卻少之又少。一種以休息為本的工作原則，是先規劃自己需要的空間，或休息，或思考，或獨處，或安靜，或退修，或學習新事物，或鍛鍊身體，或吃喝玩樂⋯⋯之後才把工作填上去，好處是生活不會被沉重的工作擠壓得密密麻麻。

休息第二個定義是個人調整。很多人工作忙到一個瘋狂的程度，只能等待長假期的來臨，立即去旅行散心，丟下所有跟工作有關的東西。可是，有時旅程中趕行程的辛勞不下於工作，只是心態不同而已。又有人會於下班後，回家什麼都不想做，只是打開電視呆望，或上網亂溜，目的是放空自己。當然，更多人會立即跳上牀睡覺。以上都算是一種休息，卻是被動地調整自己的身體和腦袋。

你知道嗎？**當你在忙碌和無力時，更需要定時調整內在的情緒，例如憤怒，不滿或失望，更需要自問：究竟我在做什麼？我做的事，是朝向自己的理想目標嗎？有需要調整嗎？**這種休息，是幫助你從頭到腳趾感受自己在這個世界存在的感覺，與自己展開精神對話，從而洗滌心靈，為自己重新定位。

告別無力：

- 如果你突然有一天特別的假期，是上天送給你的。條件是你不可以做任何有關責任的事，那麼你會如何為自己運用這一天？
- 那麼，為何平日你不能如此為自己而活？

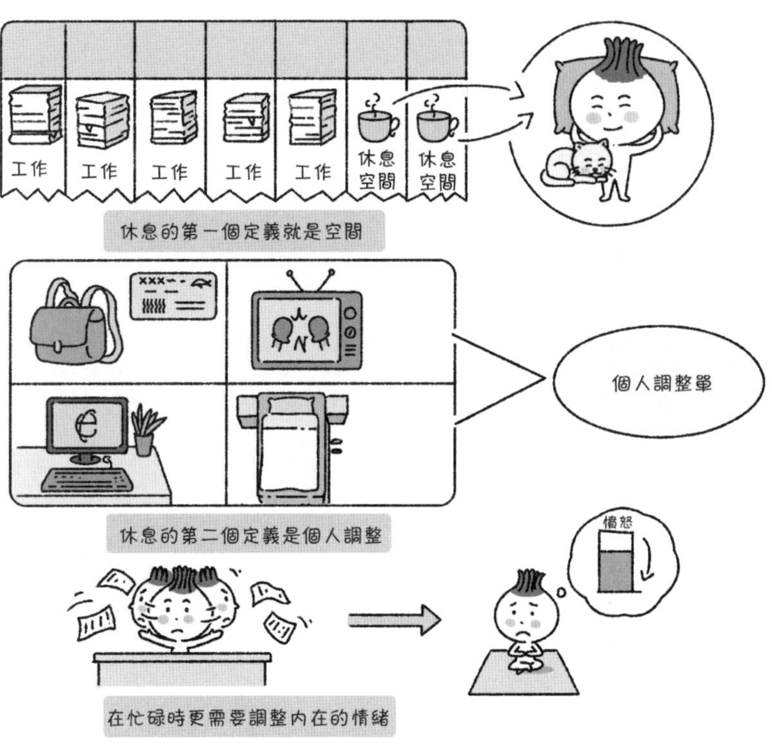

休息的第一個定義就是空間

休息的第二個定義是個人調整

在忙碌時更需要調整內在的情緒

2. 調校先後次序

忙碌不一定是問題，只要忙而不亂，忙得消遙。消遙代表你很喜歡你的工作和生活。但現實是工作總有一些事務令我們吃不消。重新定義工作逍遙這回事，就是「知道自己在做什麼」。

「知道自己在做什麼」這句話可能有點滑稽，你會質疑有誰不知道自己在做什麼。可是，很多人在辦公室都是瞎忙，所做的事沒怎麼做妥，一天過後反問自己究竟做過什麼；也有人忙着擔當別人的事務，最終自己的本分卻沒法做好。如果人不清楚自己在做什麼，就表示工作控制了你，選擇了你，而不是你去控制工作，選擇工作。

「先後次序」(prioritization) 是一種方法，它迫使你要計劃，要篩選，要立界線 (boundaries)。界線，可以說是時間的界線，知道自己有多少時間做多少事，什麼時候做什麼事；可以是責任的界線，什麼事應當由誰去負責；可以是結果的界線，知道有多少資源可以達到怎樣的效果。

不過，我對你說，**界線絕非純粹是一種方法，更是一種「活在當下」的心態。**很多時候，人的軟弱和失敗並非出於無知，而是知易行難，敵不過內心爭鬥。想像這種爭鬥就是當你身處一個充滿美食的自助餐，但肚子快要塞不下，你要取什麼，捨什麼，先吃什麼，再吃什麼？

我在廣告公司工作時，忙碌的工作給我有效訓練。很多時候，在我面前總是放着五件以上的事務，要我立即完成。每個人都對我說：「這是急件！」但我內心卻說：「命只得一條！手只有一對！」我就不得不定定神，替面前的五件事做一個重要決定，就是先選「第一份」，了解第一份與下一份有什麼關聯，在整體工作上發揮什麼作用。說來容易實踐難。我知道一旦擱置其中一份工作不先應付，便得承受後果，可能是耽誤或惹來別人的不滿。我問自己可以承受嗎？有足夠理由說服他人嗎？有充分理由說服自己嗎？這是電光火石間的思考和壓力訓練。

我為了不令自己成為工作狂，也會提醒自己：休息和祈禱都是工作的一部分。這一刻是休息時間，我就拿起一本喜愛的書，獨個兒走開，慢慢享受。因為這是當下第一要務！

可以的話，也要將這種思維放在人生的規劃上。不要急功近利，只要知這一步該做什麼。每天提提自己，生命中有樣東西叫「先後次序」，不要窮忙，要懂得放下。

告別無力：

你一向計劃工作和活動時，會以什麼原則去安排？

- 喜好次序？
- 結果的重要性次序？
- 以他人期望為次序？

為何你會以這方式安排工作次序？反映你什麼性格？

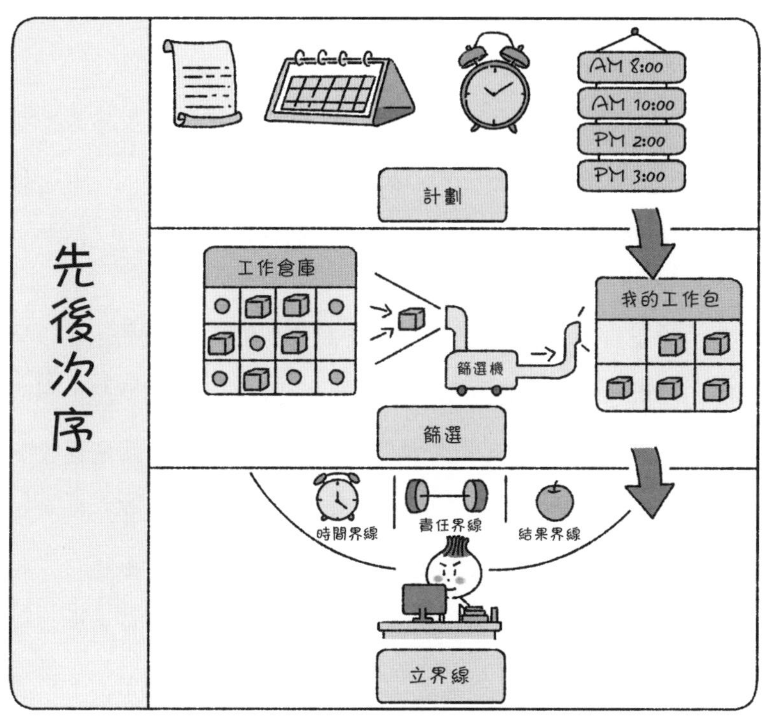
先後次序
AM 8:00
AM 10:00
PM 2:00
PM 3:00
計劃
工作倉庫
篩選機
我的工作包
篩選
時間界線
責任界線
結果界線
立界線

3. 簡單化

現代人遇到問題的時候，要考慮的事愈來愈多，又愈來愈複雜，皆因知識水平上升，資訊發達，想全面地分析局面，理智地判斷，謹慎至吹毛求疵的狀態，過分瞻前顧後。

英國曾經舉辦一項高額獎金的問答比賽，題目是：在一個充氣的熱氣球上，載着三個舉足輕重，又對世界很有貢獻的科學家。第一個是環保專家，第二個是核能專家，第三個是糧食專家。當熱氣球快要墜毀時，要拋一個人出氣球減輕重量，問大家會先選哪一個？因為獎金吸引，大會收到無數的參加者來函。很多人都絞盡腦汁，給予出人意表的分析。結果，只有一個得獎者，而這個得獎者竟然是個小男孩。他的答案是：把最胖的一個拋出去。

有時候，人會把簡單的事想得複雜。

有一個年輕人初到一間車行工作，師傅要求他翌日開工，每天要完成三百個鉚釘。年輕人回家後感到非常為難，三百這個數字一直纏繞心頭，整晚都睡不着。第二天，他鼓起勇氣，向師傅説：我真做不來，三百個鉚釘實在太多。於是師傅説：那麼你每分鐘做一個鉚釘吧，別的你都不要做，不用想。看看你能做多少個。

年輕人之後一個一個慢慢做起來。一天下來，他輕鬆地完成所有任務，一點疲憊都沒有。師傅笑着對他説：你知道嗎？三百個鉚釘只需三百分鐘完成，即五六個小時而已。其實，你起初把事情想得太複雜，覺得三百是個天文數字。年輕人就恍然大悟。分項去做，聽起來簡單，實則蘊含着立身處世的大智慧：憑一小步一小步的精神實踐下去。

又有時候，一些人不只把簡單的事想得複雜，甚至説得複雜。明明是一個很簡單的道理，卻用很艱深的語句，把道理弄得高深莫測。他們可能心裏想：當你們一班蠢人似懂非懂時，就會落了圈套，自覺真是很蠢，我一定比你們更勝一籌。很多時候，我們都批評一些政客運用語言偽術，蒙蔽他人。我想，他們是先把自己蒙騙了。

問題是，如何將一些複雜的思維用最簡易的言語，達到老孺能解？又有人説，最好的導師就是能夠將複雜的事物，先使你明白百分之八十，剩下的百分之二十，就由你自行思考，這樣你才能真正融會貫通。無論如何，**表達的用意就是讓別人明白，若要讓別人明白就要用他人的「言語」，年輕人有年輕人的「言語」，老太婆有老太婆的「言語」。**表達的時候能夠做到「老孺能解」就最好。換句話説，即是深入淺出。

莫以為這樣很簡易，實行時殊不容易，你非徹底地明白你想表達的東西，就不能簡化成令人明白的語言。很多人未將事物消化，就囫圇吞棗地説出來，還不懂裝懂，不但自欺欺人，更會令人丈八金剛，摸不着頭腦。

將複雜簡單化其實是一種放下，甚至是斷捨離，也是一種智慧操練。

告別無力：

- 如何把事情分解，一個一個做起來，所謂大化小，小化無？

- 有否先考慮主體或主要情況，而暫時放下枝節或特殊情況？
- 能否不用過於追求一致的同意，而不斷深究各方的矛盾和不同？

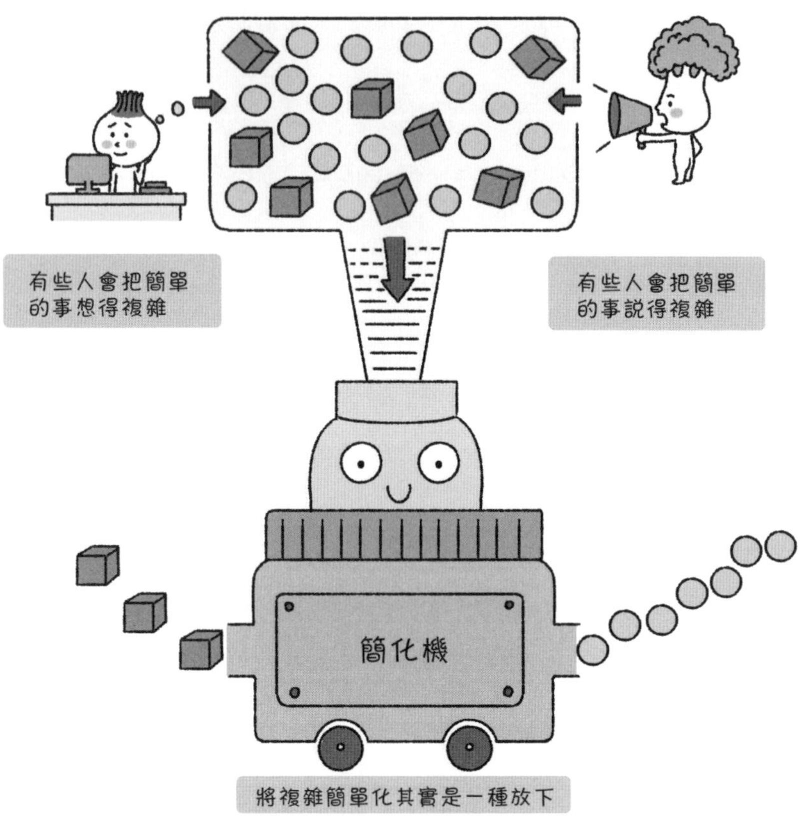
有些人會把簡單
的事想得複雜
有些人會把簡單
的事說得複雜
簡化機
將複雜簡單化其實是一種放下

4. 簡樸生活

進一步的斷捨離就是過一種簡樸生活。

今天的生活總是充斥着「過多」：過多的消費製造過多的廢物，過多的食物製造過多的脂肪，過多的工作製造過多的疲勞。

很多人説，生活簡簡單單就好。如果將簡約化為一種風格，變成一種生活態度，多好呢？例如減少購物，減少擁有，減少資訊，減少應酬，減少工作量……是一種「減法」生活。

簡約不同簡陋，不是叫你節衣縮食，過着貧寒的日子；也不是純粹的簡化，令生活變得枯燥乏味。**簡樸生活，是有目的地把無聊的雜務和事物減至最低，目的是為了平衡。**平衡，就是一種介乎於貧乏和奢靡之間的生活模式。

平衡的第一步是分開「需要」和「想要」。**「需要」是我們生存和成長的必需品；「想要」是那些滿足我們心理慾望的額外東西。**例如「需要」是遮風擋雨之所，「想要」是閒置的大房子；「需要」是功能性的衣服，「想要」為經常改變而突出個人形象的時裝；「需要」的工作為服務他人，「想要」做更多的工作是為證明自己的存在……只有區分兩者，才能減少過多的消費和活動，在貧乏和奢靡兩極之間找出一個平衡點。

不過，每個人生活目標和水平都不同，所以平衡點也不同，簡樸生活也因人而異。每個人都必須親自以勇氣，不怕別人眼光之下，找出自己的平衡點。只有從生活的不斷嘗試和實驗中找出平衡點，才能幫助我們：

- 更了解潛在的能力和空間，讓生活不再被無用的東西充斥；
- 更能體會周遭潛藏的恩典，就是出於他人無私地給予我們的東西。

說到底，能否過着簡樸生活的根源乃是來自內心，視乎你如何為貧乏和奢靡下定義。有些人總是感覺自己貧乏，這貧乏並非實際上的缺欠，而可能出於自卑、比較、不甘、怕蝕底。實踐簡樸最重要的要素，是發自內心的自信，從自信到安心，從安心到知足，從知足到外在的自然改變，將所有環繞你的事簡化消減，直到達至平衡。人在經年的簡樸操練下，會漸漸把生活和個性煉得純樸，就是一份率真、清澈、不矯飾、不虛偽、不鋪張、不賣弄、不用心煩意亂，最後是平靜、安穩、自由。

一切從「簡」，最終是一種自我覺察（self consciousness）的實踐，就是知道自己在做什麼，知道自己需要什麼。

告別無力：

- 你辦公室及家裏有什麼東西可以送人？
- 你一星期有什麼時段可以不給別人，不為別人，單單保留給自己？
- 你每次購買一件新東西時，可否先想出三個不買的原因？

遮風擋雨之所
功能性的衣服
服務他人的工作
需要是我們生存和成長的必需品
閒置的大房子
經常改變而顯出
自己的卓越
做更多的工作爲了
證明自己的存在感
想要是滿足我們心理上慾望的客觀東西

5. 不忘玩樂

Work hard, play hard 是很多人的工作格言，要努力工作，也要努力行樂。有時工作與玩樂是二分的，工作時工作，行樂時行樂；也有時要寓工作於玩樂，寓玩樂於工作，兩者密不可分。

大文豪馬克吐溫在《湯姆歷險記》裏曾説：工作就是一個人被迫要幹的事情，而玩樂就是一個人沒有義務要幹的事。所以，任誰都希望工作正是自己的興趣，事實卻事與願違，工作只為了餬口，沒有興趣可言；即使你有幸遇上喜歡的工作，所謂做這行厭這行，最終都會生厭。很多人辭職的主要原因是：工作沉悶，沒新事物學！沉悶可以是工作中的最大殺手。

我想為 play 重新定義。Play 不一定純粹是玩樂，始終玩樂與工作完全是兩回事。**Play，可以看成 playful，意思是玩味。**生活不能全時間玩樂，全天候的玩樂也會令人感到乏味。不過，玩味的生活態度可以為生活加點情趣，動力和創意。

香港人工作忙碌到一個地步，討厭工作到一個程度，彷彿已經失去對於生活和生存的知覺與味覺。哪有玩味可言？

如何為刻板生活加點玩味？你要成為一個有童真的人。別以為童真就是幼稚。**童真是以小孩子的眼睛去看事物，就是對事物產生興趣，喜歡探索，不怕輸不怕羞，放下成年人的執著，認定生活很多細節都可以充滿娛樂性。**

告別無力：

找樂趣。學生時代到工廠生產線做暑期工，工作刻板至死。但我會想出點子玩遊戲，例如跟朋友比賽，看誰最快完成手上工作。

找新事物。永遠不要假定自己已經掌握了你的工作。你總會找出你仍未知道的，可能是你手上工作的歷史，其他同事如何看待你的工作，每個同事的作風個性，其他部門的工作與自己的有何關係……

找新方法。條條大路通羅馬，雖然你覺自己的做法已經無懈可擊，但世事難料，世界在變，你的方法總有一天可能遭淘汰。

玩可以產生創意，創意是生活的動力，更重要是，你知道自己正在自我提升。

思考：

- 你如何在現在的工作或生活中找一點樂趣？
- 試發掘有什麼新事物是你未知道的？
- 為平常生活找一些新方法，譬如回家的路徑、運用時間的慣性、假日的安排等。

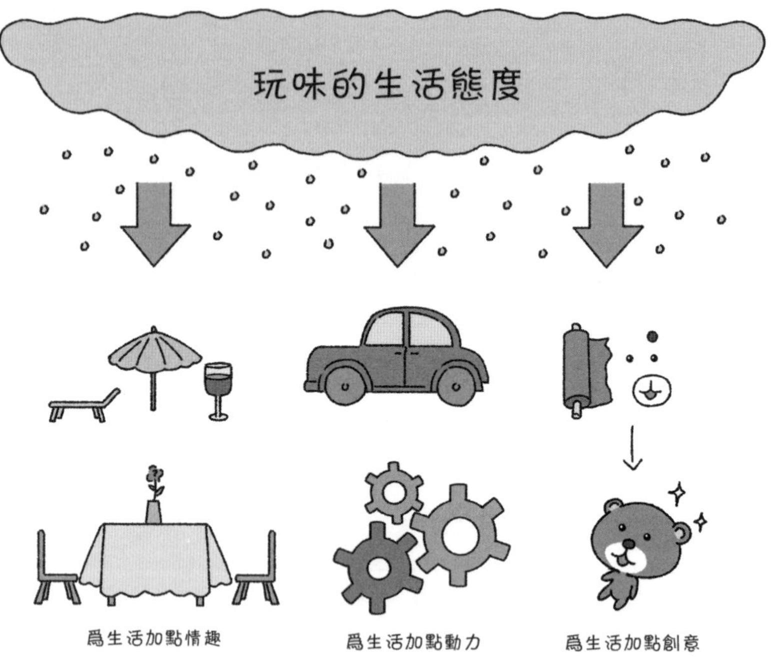
玩味的生活態度
爲生活加點情趣
爲生活加點動力
爲生活加點創意

6. 創造自己的空間

現代人生活由忙碌至忙亂，外在困境，內在焦慮。要生活，必須要懂得過渡生活中的焦慮和困擾。要過渡，就要空間。

心理學家 Donald Winnicott 提出一個名為 Transitional Phenomenon 的概念。這理論本身針對嬰兒的成長，也可以引申到一般人的過渡性空間。

對一個嬰孩來説，什麼是過渡？過渡是從完全依賴母親到開始獨立，從極度自我中心到目中有他人，從失去依靠而產生的焦慮到平靜安穩，從不確定而產生的擔憂到可以安定地思考……

人生也是如此：每個階段都充滿不確定性，充滿沒依靠的挑戰。我們要好好活下去，應對生活中的焦慮，就先要創造空間。

我們很需要在忙碌和壓力下創造一個另類空間，我儘管稱它為第三空間。1989 年，美國社會學家 Ray Oldenburg 在著作 *The Great Good Place* 中提出「第三空間」（the third place）—

詞，解釋人們在家（第一）與工作場所（第二）之外，花上最多時間、活動最頻繁的空間，像是咖啡館、公園、圖書館。

咖啡室 Starbucks 就把自己定位為都市人介乎家庭和工作間的「第三空間」（the third place）。工作和家庭兩個空間很多時候都成為給我們壓力的地方，唯有第三空間給人喘息的機會。

第三空間也是一個中介。這個中介可以是休息、玩樂、興趣、物質、飲食，一切你愛好的東西，令你滿足的事情。所以，空間可以是一段時間、一處地方、一件東西、一種音樂、一份食物，甚至是很抽象又日常的事物。

過渡，對於你內在世界而言，可能是能夠提升內在資源的事物。

Winnicott 補充說，嬰孩能夠找到這空間，有賴人內在的創意（creativity）。創意不定是搞創作，創意的最基本任務是找出適合的方式去適應和生存。能在壓迫中，尋找生活的另類選擇，讓自己喘息，這就是創意的開始。香港人愈來愈覺得壓迫，因為沒了創意，難以再適者生存。

人的而且確需要創意，所以需要「過渡」。過渡是停止，過渡是慢下來，過渡是休息，過渡是接觸，以讓自己可以享受自己可掌控的活動或事物，過渡是創意的源頭，創意源於空間，空間也因創意而出現。**空間給人一種安穩，抵抗孤寂和無助的平安，內在潛能就能在此發揮出來。**

告別無力：

- 你的第三空間是什麼呢？
- 你每天都可為自己營造哪些第三空間？

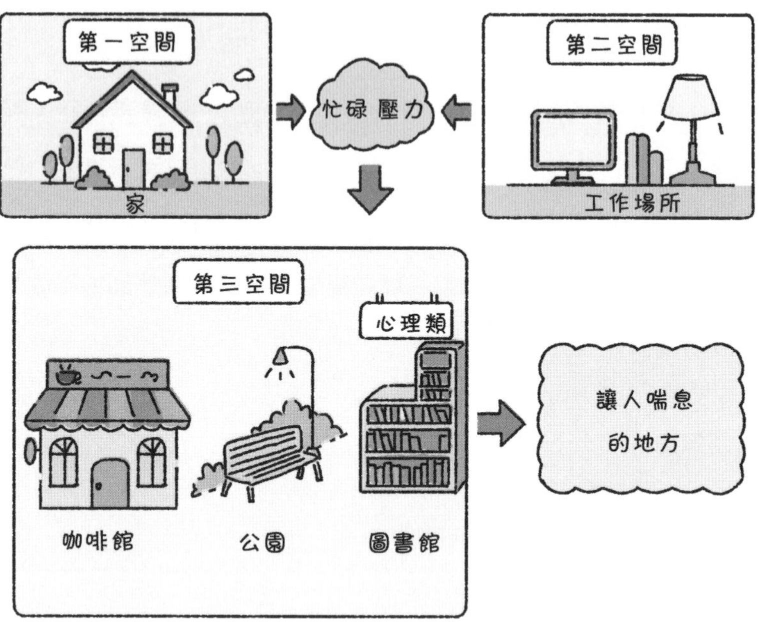
第一空間
家
忙碌 壓力
第二空間
工作場所
第三空間
心理類
咖啡館
公園
圖書館
讓人喘息
的地方

開拓「為他人」的生命空間

面對近乎無望的社會，我們必須發展一種嶄新的空間，叫做「為他人」（thoughtful）的空間。Thoughtful 這個字同時包含兩個意思：思考和為他人設想。兩者是不可分割的，人要有全面的思維，不得不發展為他人設想的能力。

今天生活的另一困局是，我們被物質和利慾，還有那些無止境地追求以上兩件事的人，重重包圍。這種價值觀，帶來的不純是道德問題，而是會使人變得愈來愈自私，同時將人漸漸變成自己和物質的奴隸，失去「他人角度」的思考。

瑞士國際管理學院教授俞昊相信，人類的優勢正迅速消失，過往必須由專家負責的膺品檢定、醫學診症等，將來都可能由科技取代。因此他認為只傳授知識已經不足夠，在科技先進的 21 世紀，人類更重要學習的相信是同理心。相近看法的還有 *Humans Are Underrated* 作家科爾文（Geoff Colvin）。他認為 AI 比估計中更快挑戰人類，但這發展不令人意外，因為電腦計算功能強大，發展一日千里 。但科爾文指出隨着科技進步，人類互動的能力將會更彌足珍貴。他認為人能夠感同身受，以同理心作出合宜反應；在羣體合作中，又會敏鋭觀察人際社交，懂得閱讀別人的心理；還有人類才有的説故事能力，都不是圖表、數據等科技可以取代。

著名美國管理學思想家 Daniel Pink 在其著作 *A Whole New Mind: Why Right-Brainers Will Rule the Future* 中細緻地説明，六種最能應對未來的能力。當中有兩種能力正是關乎發展「為他人」的空間。

Pink 説的第一種能力就是同理心。汽車大王亨利福特（Henry Ford）曾説：「任何成功的秘訣，就是以他人的觀點來解決問題。對別人不論是同事或上司而言，被明白一定會感受良好。」同理心是工作上最重要的技能。同理心是人際關係的基礎。沒有同理心的能力，就只剩下「自閉」，而沒有「人際」。很多人説同理心就像穿上別人的鞋走路（put in other's shoes），更重要的一半是，先脱下你自己的鞋（take off your shoes）。沒法脱下自己的鞋，怎能穿上別人的呢？

當我們分析什麼是對與錯，什麼應該不應該時，總是帶着自己的立場。在同理心的世界，是沒有對與錯，沒有應不應該，只有理解，就是對對方「單方面」的理解。做到這一步，得先擺脱自己的立場和觀點。同理心是「為他人」空間中的基礎，由自我（personal）發展到關係（interpersonal）。

Pink 説出另一種能力是，不只顧賺錢，還要重視意義（meaning）。我們生活在一個物質極為豐裕的世界。意義，就是掙脱營生桎梏，得以追求更深層的渴望：生存目的、出世意義，以及靈性滿足。

好生活，就是將你的才能和天賦（what you are great at）轉化成一種對大眾或他人有意義的事，發揮影響力，令你覺得你的才能變得更大更好（from great to greater）；將星期一到星期五的刻板工作和生活，看成一種天職（calling），從個人（for me）到他人（for others），就是「為他人」空間中的行動。

因此可以理解，要在你的生命中開拓「為他人」的空間，就得放下自我。

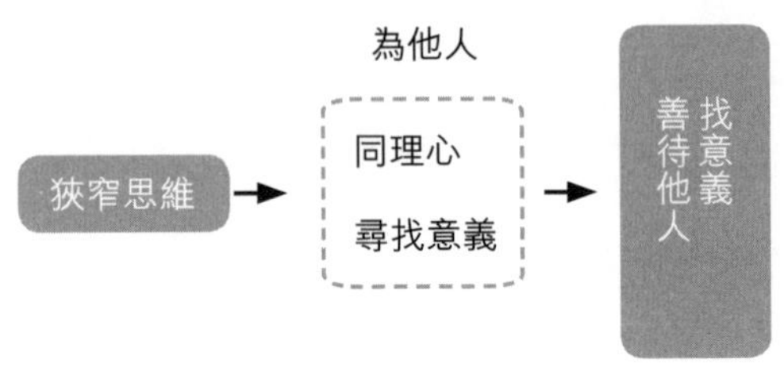
為他人
狹窄思維
同理心
尋找意義
找意義
善待他人

1. 為他人謀幸福

小時候，我們寫作「我的志願」，開始學習編織夢想。這時，人的夢想通常比較單純，追求自我滿足，看自己就是「世界」的整體。

人要學懂編織夢想。但編織夢想會遇上幾個困難：不曉得自己想做什麼、怕無法達到，但人愈大，愈缺乏這種編織夢想的練習。

夢想，不是青年人的專利，人要窮一生去編織。一邊編，一邊看清自己想編出怎樣的夢。

當人漸成熟，開始考慮身邊的人，想找出自己與他人的關係，自己所做的事究竟對他人有什麼意義。他開始發現一個事實：自己只不過是「世界」整體的一部分。**一個人如果和他身處的地球上共生、共存或合作的其他人，沒有什麼關係或者關係不和諧，他無論如何成功，也不會快樂。**所以，追求夢想，理當是追求一種人與人之間的關係。

不過，年輕時去編織夢想似乎不易。這裏有一番對話：

「我的夢想就是找份好工，賺夠錢，然後買一層樓。所以我現階段的目標就要努力工作賺錢，學習投資理財……當房子升值，再樓換樓。」

「之後呢？」

「跟另一半建立一個家庭，生養小孩子。」

「之後呢？」

「等孩子長大。」

「再之後呢？」

「當我老了，就和我的另一半一起環遊世界。如果可以的話，我真的希望做點對別人有意義的事。」

「那麼你覺得何時可以做點對別人有意義的事？」

「等我賺夠錢再說吧！」

這個人既想要穩定生活，又要做點對別人有意義的事。這反映夢想是自我實現和接受現實之間的妥協，也是自我實現和祝福他人兩者的互動。**人一方面要不斷妥協，另一方面也要不斷跟他人互動。**很多時候，實踐夢想的限制都來自他人，而實踐夢想的動力，也是為了他人。有人曾說：「人因夢想而變得偉大。」這份偉大並非完全屬於你個人的，乃是由你生命中無數出現過的人交織而成。

當你還在想着：「現在我不知道自己的夢想是什麼？」不妨考量你希望如何令身邊的人更快樂，令世界好一點，這是你的起點。

你還在發愁，因為夢想未能展開，不妨找身邊的人給你肯定鼓勵，或厚着面皮向人討教。編織一個夢想，祝福他人，與我們身處的世界，令自己也變得更好。

當你猶豫應何時開始編織實踐夢想，答案是：坐言起行。

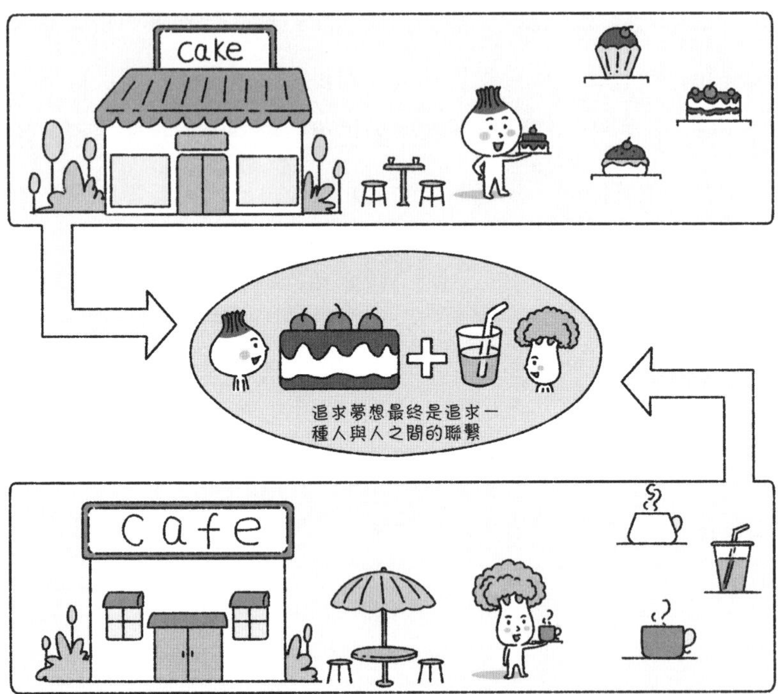
cake
追求夢想最終是追求一
種人與人之間的聯繫
cafe

2. 以「令人快樂」為你的意義

上半部分提到為何要上班。這裏，我們重新思考這個問題。我們的生活目標除了生存、金錢、買樓外，還有什麼？我們的生活真的一無所有，窮得只剩錢嗎？

關於職涯，有個說法叫天職（calling），就是叫人承擔一份對他來說，獨一無二的責任，例如有些人成為教師，教育下一代；有些人是醫生，濟世為懷；有些人是藝術家，用美去彰顯世界的美好；有些人是政治家，改善社會。職業，英文是vocation，這個字帶有 voice 的意思，與 calling 也有異曲同工之妙。

你會說天職這東西好像是很高層次的事，很難掌握，甚或你會說工作只是餬口，沒有什麼天職可言。可是，如果你單單看工作只為兩餐，未免貶低你的價值，浪費了青春。

黎巴嫩詩人哈里利紀伯倫（Khalil Gibran）曾說：「工作是你內在熱情的展現」（Work is love made visible.）。如果內心沒有一把火，沒有一份情，你的工作只是「死做爛做」，心中的火最終都會熄滅。

天職，用另一個比較貼地的説法，就是尋找一份意義，最好是自身以外的意義。這個意義會令人快樂，也可以使你為自己驕傲（proud of yourself）。**所謂令別人快樂，就是如何造福他人，令他人更幸福，或許是幫一點忙，把事情弄得更順暢，指引別人，使別人的痛苦困擾得以舒緩**……所以，驕傲可以是一種「責任」，這責任是堅持為善，堅持帶給他人正面的意義。

你可能覺得這説法仍然太過偉大。但我對你説，這是做人做事的基本而已。**若你做任何事不曾考慮別人的好處和得益，你怎能説服別人繼續給你工作，繼續給你服務？換句話説，責任是説明你在他人心目中的具體價值、具體意義**！

舉個例，商業社會明顯是唯利是圖。但商業行為本身可以完全不帶社會責任嗎？可以完全不顧大眾嗎？

英國冰島超級市場（Iceland Supermaket）計劃在五年內把自家品牌食品的所有塑膠包裝，改為紙袋和紙盒，有望成為全球首家全面「走塑」的超級市場。因為他們發現用黑色膠袋包裝餐點，是最差且含最多毒性的包裝方式；當大量的塑膠被倒入大海，更會對生態造成嚴重傷害，最終受害的將是人類。事實上，塑膠製品是人類史上最破壞環境的製品，每年有 100 萬隻鳥、逾 10 萬隻海洋哺乳類動物和海龜，因誤食塑膠或遭塑膠垃圾困着而死亡。他們看的不只是生產成本，還看重生態和他人。

英國著名作家、傳媒人 Paul Mason 撰寫一本書叫 *Post-capitalism: A Guide to Our Future*，提到後資本主義的新時代，世界隨着資本主義的沒落和墮落，人自發地開始「合作」，開始無利益無條件地貢獻，而非單單競爭掠奪。或許，新世界給我們的啟示是：找出你能造福別人的意義，就是生機。

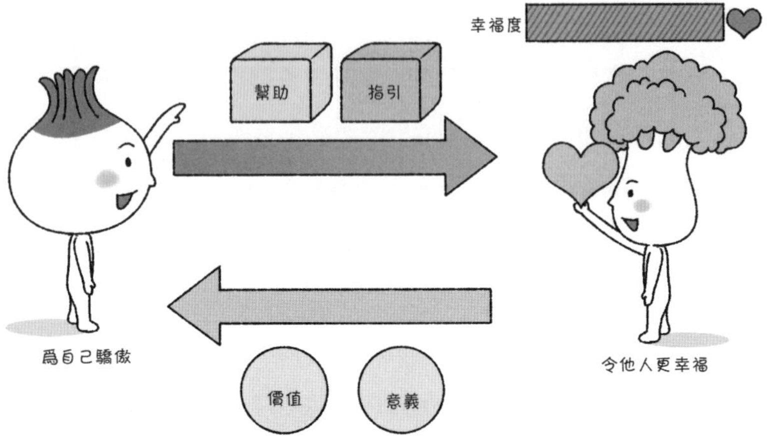
幸福度
幫助
指引
爲自己驕傲
令他人更幸福
價值
意義

3. 實踐互相依賴

有人説，「人不為己，天誅地滅。」然而，人與人，人與社會，都是密不可分。「人人為我，我為人人」的精神彷彿老生常談，很老套，但是人不為他人，也不見得活得好。

我看到近年一些商界推廣社會關懷，鼓勵公司員工積極參與社會關懷行動，例如義工服務。公司固然想藉此美化公司形象，增強員工歸屬感，也讓大家更團結，更重要是實踐社會責任。那麼，在僅有的時間和薪水中，你又會不會抽取一部分分享給有需要的人？

很多人看社會關懷是一種社會「責任」。我有的，我比你有優勢，比你優越的，就分一點給你。想深一層，這是良心發現？自我犧牲？自我感覺良好？自我滿足？還是為大眾的好？其實，這不只是責任，而是分享。

分享的基本信念是良善，良善背後反映不同面貌。第一，是犧牲。**一個人甘願犧牲，一定有一份內在的滿足。滿足不代表豐足，而是無懼「缺乏」的感受，以致可以為他人犧牲一點時間、**

精神、金錢等。例如，朋友常對你說，有困難就找他好了；但當朋友有難，他總是推搪，這就是說明他擔心自己不夠時間和資源。人本來就不易滿足，知足是一種境界，是分享的先決條件。

第二，與第一點剛好相反，就是看出自己的缺乏。說也奇怪，幫助人怎會反覺自己有缺乏？「分享」可以是一種很「自以為是」的行動，從個人角度猜測別人的需要，以高姿態施捨，證明自己的豐足；但分享同時也是**看出別人的需要，體察自己也有缺乏，承認自己也需要他人的「分享」，放下身段，願意接受別人的幫忙。**這是在營造一種以平等姿態實踐互相依賴（interdependent）的社會環境。社會關懷不是單一的行動，而是實踐一種價值觀，這樣也可以改善今日香港各家自掃門前雪的氣氛。

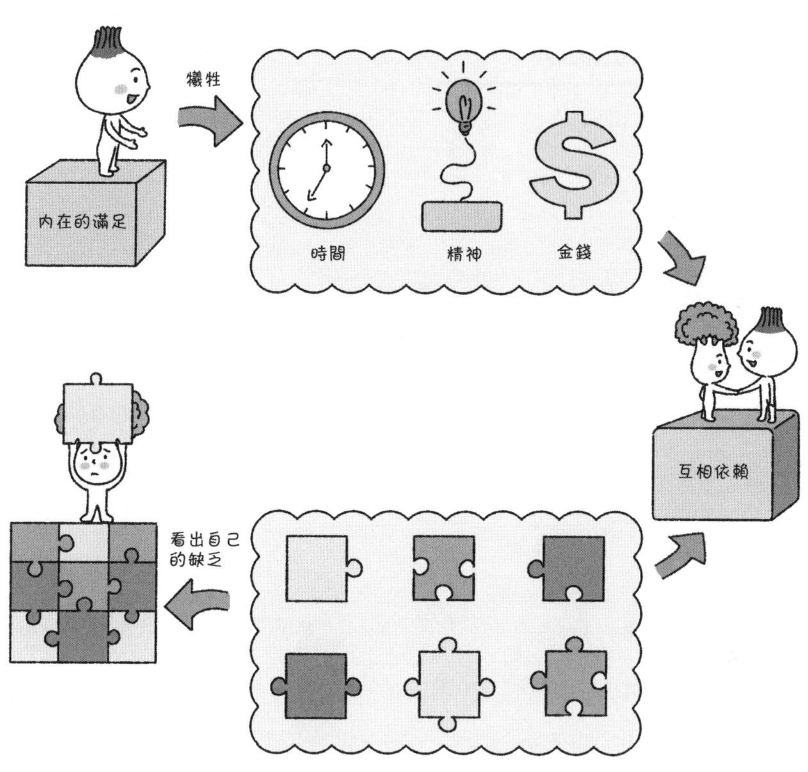
犧牲
內在的滿足
時間
精神
金錢
互相依賴
看出自己
的缺乏

現實，我受夠了

開始學習分享

近年在街頭會遇見一些賣唱一族（busking）。他們的特點是年輕、歌喉好、有氣氛、一把結他及一個揚聲器就開始賣唱。你會發現唱得動聽的歌手會被人重重包圍，途人甚至會一起拍掌，一起和應。《海闊天空》永遠是最經典、最受喜愛，而且百聽不厭的「香港市歌」。

另一邊廂，你也會留意到在行人聚集的地方，有些疑似國內下來搵食的同胞，手執麥克風，高唱老歌和時代金曲，例如小鳳姐和鄧麗君等。他們雖然陳腔濫調，歌喉唱功也不錯。

我想，他們兩者有什麼分別？分別在於一個是賣藝謀生，另一個是炫耀，或者說，他們在向別人分享。我想將這個思想推展到生活和工作的心態上。

時代不同，打工的心態也不同。以前一般人都要為「兩餐乜都肯制」，或者工作就是為了餬口。餬口的心態是出賣勞力，求別人給予，好一點的説法是等價交易。打工仔永遠處於下風。

分享就不同了。分享是將欣賞自己的地方和擅長的東西與別人分享，可以説在「炫耀」自己。同時，又不太在乎別人有多少掌聲和回饋。分享，看他人是自己友；搵食，容易看他人是對立的競爭對力，上司和下屬。

「平等分享行動」就是一個好例子。2011 年，室內設計師 Benson 不滿政府只向香港市民派發 6,000 元，卻沒有行動改善弱勢人士的困境，於是發動親友一起善用金錢，買物資和飯盒派發給深水埗的無家者和孤獨長者。此後每月定期行動，參與者由最初的幾個，到如今每次行動都吸納百多人參與，既有派飯、又有到十八區收集過剩月餅、為無家者剪頭髮及在各區開辦愛心飯店等……

對於自覺弱勢的你，總要發現和認定自己的長處和能力，儘量「炫耀」自己，令人刮目相看。對於一個太自負的人，當然要謙卑，將這事情看成一種平等的分享，用你的優良好處和能力，去施予他人，與他人一起分享這快樂。施比受更有福。

回想街頭獻唱的年輕人。他們發現自己的好嗓子，之後必定不斷練習，加上勇氣和膽量走上街頭，面對人羣，在現場多變的環境施展應變能力，其實正同時鍛鍊自己的能力和特質。

開始學習共享

當你到英國或歐洲其他地方旅遊時，會發現商店在星期日不營業，或者提早關門。你或會想，星期日正是大家放假的日子，難得可以出外走走購物，為何提早關門？東主不想賺更多錢？服務性行業不是要服務大眾嗎？

對！就是不用賺更多錢，因為錢不是萬能。就是不單只服務你一個，也要服侍自己！

我曾經問過英國的朋友，為何星期天社會是這樣運作？出於宗教理由，因為禮拜日是安息日？他説古時候可能真的基於宗教理由，但現在主要是人道理由。人道理由的意思是，沒道理你可以星期日放假，而零售業人士卻不能放假。或者説，零售業的家人都是星期天放假，沒道理去剝削別人一家團聚的機會。

這不是「賺到盡」的思維，而是一種犧牲自己，重視他人利益的價值觀。香港正正缺乏這種思維。在街上稍稍走慢一點，就被人指責阻路；當收銀員動作稍稍慢一點，就被人指責連累排長龍。這都是只顧自我，而不理對方處境的想法。

從另一個生活層面看，我們的社會可否更多一點為他人着想？

香港的樓價高處未算高，但仍有很多人入市，更有人說是為了投資。投資是什麼意思？就是等樓價再升，能從中賺取更多的差價利益。這是什麼價值觀？不就是為了一己利益，冀望樓價愈高愈好，而不理別人有沒有上樓機會的價值觀。

我們不是想追求大同世界那麼偉大，只是提出如何在生活細節上，一起創造一個「共享」的社會，例如可以漂書、玩具回收、社區回收、待用咖啡、支持眾籌、做義工等等。

美國哥倫比亞大學做了一項研究，了解千禧世代辭職的主要原因。發現他們主要辭職的原因不是嫌棄金錢回報，也不是缺乏工作滿足感，而是公司文化與自己所持的價值觀未能配合。

聽來有點奇怪，價值觀跟工作有何關係？研究發現他們特別關心環保問題，會觀察公司的生產會否為環境帶來負面影響，例如生產的物料可否循環使用、污染物排放管理、包裝設計有否考慮環保等。或許，你會說，公司如何營運與你何干？只要每月有工資就可以了。那麼正代表你跟千禧世代有代溝，根本不了解他們，他們追求的根本與你不同。

今天新一代已經不再為五斗米折腰，不是手停一定口停的一代，而是講要求原則和意義的世代。他們的眼光更有社會性、環境性、人道和公平等原則。除了環境議題，他們會留意公司的可持續性發展、商業道德、對小眾和多元的看法，及上司下屬間是否有開放對話機會溝通等。

一個共享的社會就是互助的社會，彼此會考慮對方的處境，最終達至雙贏局面。例如當人不去批評別人「阻住地球轉」，就不怕他人會同樣指責自己，毋須提心吊膽。今天在公共交通工具上，人們仍然害怕坐上關愛座，可能是出於怕被指責自私，這種矯枉過正的錯誤思維，多於想留個位子給有需要的人。這個社會已變得很奇怪！

你有多少同理心？

1. 當我身邊的人感到哀傷，我自然會感到哀傷。

   非常同意

   很同意

   不同意

   非常不同意

2. 當我指出別人不是時，我通常會先想像如果被批評的是我，我會感到怎樣。

   非常同意

   很同意

   不同意

   非常不同意

3. 很多時候我不太明白我的朋友為何如此興高采烈。

   非常同意

   很同意

   不同意

   非常不同意

4. 我會因為看見別人不被尊重，而感到難過。

非常同意

很同意

不同意

非常不同意

5. 在一場表演中，當我看到其他觀眾很雀躍時，我都會雀躍起來。

非常同意

很同意

不同意

非常不同意

6. 我每當面對一些比我不幸的人時，會感到不好意思。

非常同意

很同意

不同意

非常不同意

7. 我較少立即從別人的眼光去思想。

非常同意

很同意

不同意

非常不同意

8. 我容易跟他人有共鳴。

   非常同意

   很同意

   不同意

   非常不同意

9. 如果我已經很確定自己的論點，大概不會花太多時間去聽別人的論點。

   非常同意

   很同意

   不同意

   非常不同意

10. 我通常會聽別人反對的論點後，才作出最後決定。

    非常同意

    很同意

    不同意

    非常不同意

11. 如果他人在我面前哭起來，我會不知所措。

非常同意

很同意

不同意

非常不同意

12. 我會容易想出什麼事會令朋友開心。

非常同意

很同意

不同意

非常不同意

13. 當我見別人有困難，我會儘量想法子幫忙。

非常同意

很同意

不同意

非常不同意

14. 我總覺得凡事有兩面，會從兩面看。

非常同意

很同意

不同意

非常不同意

15. 我很難估計有什麼事會令他人不高興。

非常同意

很同意

不同意

非常不同意

16. 當我見到他人被別人佔便宜，會想為他挺身而出。

非常同意

很同意

不同意

非常不同意

17. 我通常不會讓身邊人的情緒動搖我的情緒。

非常同意

很同意

不同意

非常不同意

18. 我期待看到別人感覺良好。

非常同意

很同意

不同意

非常不同意

做完 18 條問題後，請依以下計分方法計算分數，以了解自己的同理心程度。

第 1,2,4,5,6,8,10,12,13,14,16,18 題目的分數如下：

非常同意 5 分

很同意 3 分

不同意 2 分

非常不同意 0 分

第 3,7,9,11,15,17 題目的分數如下：

非常同意 0 分

很同意 2 分

不同意 3 分

非常不同意 5 分

結果：

81-90 分：滿有愛心的人，很容易放下自己。

61-80 分：非常有同理心，很願意與人拉近。

30-50 分：尚有同理心，起碼可以從他人方向思想。

10-20 分：缺乏同理心，比較想從自己出發，較理性，講邏輯。

小結：實力，留給會留白的人

我在大約 30 歲時，對當時的工作極度不滿，可是想到一旦辭工不幹，又擔心將來可以做什麼呢？心裏納悶，感到前路茫茫，沒出路。對於自己的結論是：一事無成！

之後，我發現問題不是我沒能力去思考前路，而是我早已被繁忙的工作擠壓得沒力氣、沒空間去思考。於是，我下定決心每個星期六下午，帶着一本筆記簿和一枝筆，跑到尖沙咀海旁，望着大海去「默想」：人生經歷過什麼、為什麼苦惱、喜歡和不喜歡做什麼事、喜歡和不喜歡做什麼人、自己有什麼長處短處、什麼值得肯定的地方……初時，的確什麼都想不出，寫不下一隻字。這過程足足維持了半年，每星期如是。怎料久而久之，我終於回復內在精神，腦袋重新啟動，心眼也清晰起來，發覺原來可以看清自己。好像一杯混濁的水放在桌子上一段時間，污穢物漸漸沉澱，水也清澈了。

從亂七八糟的筆記中，我整理一個發現，得出三個字：幫助人。原來我喜歡做幫助人的工作，這是我內心氣質和熱情所在，這是我生命的意義。然後，我的工作開始轉向了。

留白，給我們一股意想不到的力量。

告別無力感

未來：選擇勇氣

顛覆思維改寫未來

回顧了過去，為現在留白，方能給自己空間思考未來。面對惡劣的現況，最需要的是想像未來的勇氣，否則又怎敢去幻想呢？

要突破無力感，就要想想如何尋找出路和幸福，或許有時要運用逆向思維。有一種內在資源叫顛覆的思考力，是一種敢於跳出框框，跳出安舒區的思維。

要成功就要勇於反復思考，不斷審視自己的方向是否需要調整，這種人擁有的是思想的空間（capacity to think）。

大家應該聽過 Dyson 這個有名的吸塵機品牌。英國發明家 James Dyson 一次搬家後，使用吸塵機打掃地毯，對吸塵機的吸力感到不滿意，所以萌生改良吸塵機技術的念頭。當全世界都認為吸塵機要靜，他卻認為最重要的是吸力，所以堅持用飛機引擎般的大動力裝置，增強吸力，雖然聲音很吵，但仍大受歡迎。當全世界都認為沒有顧客會喜歡看到吸塵機裏很髒的塵，他堅持用透明設計。結果是，原來很多顧客都喜歡看到塵埃真的被吸進去。「透明」反成了 Dyson 的吸引力和獨特性。選人方面，當全世界在技術性範疇都選用有經驗的人，Dyson 公司的工程師平均年齡僅 26 歲，因為 Dyson 認為年輕人比較敢於嘗試新事物，不怕失敗。事實上 Dyson 透過 5,126 次失敗後，才成功地設計出功能超卓的吸塵機。他認為那 5,000 多次失敗的過程很重要，因為每一次失敗，都可以是成功的開始。

一般人覺得顛覆思維就是推翻舊有一切，事實卻是完全相反。顛覆（radical）的意思原是指回到根源，將事情看得更立體和多面。今天很多主流思想或大眾想法可能早已離開本源，本源漸漸被人忘記和忽略，甚至愈變愈荒謬。

人不敢運用顛覆思維的原因是害怕和焦慮，怕一旦離開主流就會被邊緣化，被打擊。但我對你說，顛覆不一定是對抗或抗爭，顛覆其實是一種勇氣，一種敢於面對真正（根源、全面）現實的勇氣。

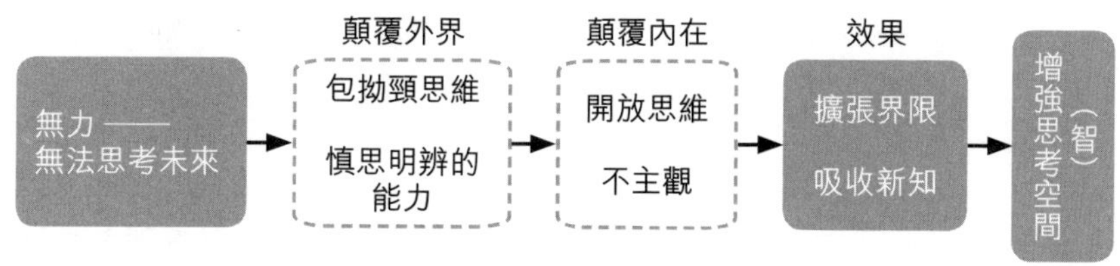

1.「包拗頸」思維

在工作中，最讓我覺得興奮的是，我能夠從不同的上司或同事身上，學會他們的強項和長處。當然，他們未必會事事教你，而是你要平日多看、多想，透過日常的觀察、思考，從中學習。

我從前的上司，運用「包拗頸」這種另類思維，對答往往出人意表。例如，你說東好，他就說西好；你說你擁有什麼，他就說你缺乏什麼；你以為成功，他偏偏說其實未竟。

很多人覺得聽完他的回應會感覺無癮，也不順耳。但是，**習慣另類思維的人的世界比一般人大，比一般人廣。**當大眾只看見事物的一面，他們就開始思想事物的另一面。當眾人都以為已經夠好，他就注意有什麼被忽略。做到另類思維不易，我們接受的教育一直強調服從，而不是批判；而且，另類思維的人往往要冒險，不害怕別人的反對，也不介意別人批評自己「包拗頸」，常常唱反調，做大反派，正所謂 devil's advocate（不隨從大眾卻從反面角度來探究問題的人）。

這有如一個人用雙手「倒樹蔥」走路，雖然吃力，卻會看到不同的世界。以「倒樹蔥」姿勢走路要練習，另類思維也如此。起步點是要跟習慣説不。習慣有好處，讓你做最熟悉的事，感到一切都在預計之內，但這也是種慢性麻醉劑，讓你對周圍的一切不再敏鋭。

告別無力：

生活：

- 習慣用右手刷牙的，嘗試用左手。
- 慣用一種交通 / 路途上班的，嘗試另一種的方法。
- 嘗試新的活動和興趣，多閱讀平常少讀的書籍、雜誌。

思考：

- 較理性的人嘗試感性一點，關心別人角度和關係；較感性的人就嘗試理性客觀一點。
- 一向正面和樂觀 的你，嘗試反面和悲觀一點;反之亦然。
- 據説一般人只運用 10％的腦袋，另類思維能讓人想多一點，走遠一點，腦袋再強一點。

另類思考的人

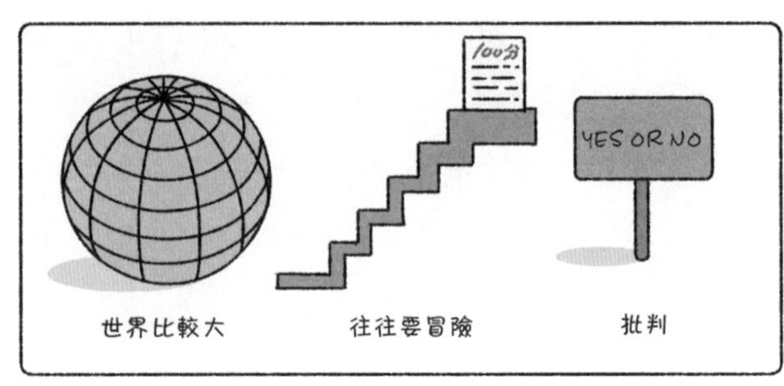
100分
YES OR NO
世界比較大
往往要冒險
批判

一般人

80分
YES
世界比較小
認爲足夠好
服從

你有想像力嗎？

這是一個經典的心理測驗，叫 Candle Problem，由心理學家 Karl Duncker 在 1945 年提出，目標是挑戰我們的固有思維。

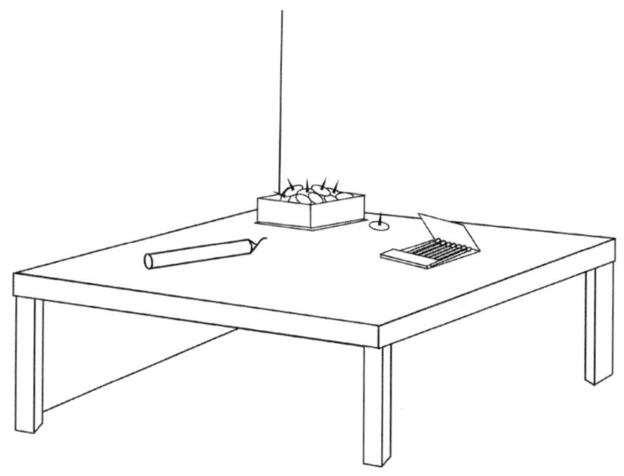

圖片中，你看見在一間小木屋內，有一張桌子、一支蠟燭、一盒大頭釘及一盒火柴。問題是你如何將蠟燭安置在桌子邊木屋的牆壁上，而蠟不會滴到桌面呢？

答案：

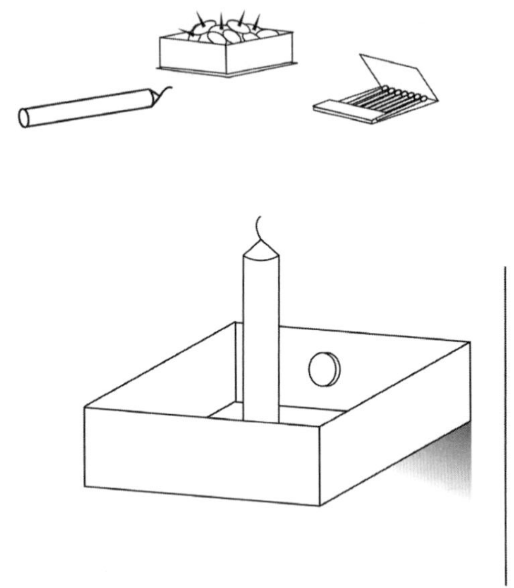

大部分答錯的人都是因為盒子裏放了大頭釘，而忽略了盒子也可以是解決問題的工具。若最初把大頭釘從盒子裏拿出來放在外面，同樣的問題，一樣的工具，幾乎所有人都很快會想出答案吧！

所以說，眼界，真的會決定我們的世界。

Candle Problem 的實驗還有一個奇妙的發現。如果對被實驗對象提供獎懲的話，在大頭釘放在盒子外面的情況下，確實會加速實驗對象完成解題的時間。

對被實驗對象提供獎懲，而在大頭釘放在盒子裏面的情況下，反而會讓更多人答不出正確答案。這就是焦慮導致我們腦更閉塞。

覺得自己愈來愈沒創意了嗎？或許先學會別計較得失吧！

2. 慎思明辨的能力

如果問我求學和工作兩個時期的最大分別是什麼？我會説，在學校填鴨形式的教育制度下，萬事千篇一律，不一定需要個人的分辨思考能力，只要找出考試竅門，就可以無往而不利。因此很多人説，讀書時學的東西在工作的環境是用不着的。

在生活上，我們極需要慎思明辨的能力（critical thinking ability）。今天學校課程裏已設有通識科，目的是增進學生慎思明辨的能力。效果如何？不得而知。但我認為這能力非常重要，決定你能否面對時代轉變，在複雜的人際和紛擾的環境中，可以泰然自若，輕鬆應對。

「慎思明辨」是審辯式思維、明辨性思維、嚴謹的思考或批判性思考，包括思維過程中洞察、分析和評估的過程。我嘗試以五點加以解釋：

推論能力：有強勁的觀察能力，即使資料不足，仍能夠從觀察到的事物，推敲背後發生什麼事。例如，當你看到一間屋的燈是亮着，電視是亮着，你會推想屋內必定有人，否則燈和電視不會自然開啟。但是，也要同時假設可能有人出了門而忘記關上。**推論精神是一種假設，假設也要多樣化，忍耐立時未有特定的答案。**懶得思想的人，少考慮任何可能性，只會妄下判斷，或者埋怨資料和上司指引不足，不清楚又去問。

懷疑態度：跟上一項的能力有點相似，人要有假設的能力。假設即是「假」的設定，未必成真，所以要抱持懷疑的態度，不能事事講絕對。例如，你的抱負是將來當醫生。不錯，你有大志。同樣你要假設自己學業有成，考入醫科，畢業找到醫生職位，而你在當醫生前還生存。**世上沒有絕對，抱有懷疑才有更多可能性和防範能力。**這能力可以幫你周全地考慮一件事有什麼可能，可以想出不同角度的意見。

防止簡化的歸納：歸納是 induction，依據有限的觀察（特殊）把關係歸納為類型（普遍的模式），而簡化的歸納是扣減，即 deduction。歸納的例子如，世上所有阿媽是女人，所以你的阿媽都是女人。但是，如果阿豬、阿狗、阿貓很差勁，他們都是中國人，因此你認為所有中國人都很差勁，這就是扣減。扣減的危機是武斷。今天的社會充斥了這份武斷，所謂一竹竿打一船人。

加以解釋的能力：在現有的資料加以擴展和解釋。例如，指小孩子從八個月大開始學習辭彙，五歲的時候就可以累積達到 2,000 個辭彙。所以，如果問你，七個月大的嬰孩可以與別人對話嗎？答案是不。因為，七個月大的嬰兒擁有的辭彙不足以與人對話。這種能力有何用？當然有，它幫助人從繁瑣的事理中梳理。很多人總愛說話，給意見，不能歸納總結，最後難以下決定。

批判能力：批判能力好像具有攻擊性，但換句話說，就是多角度思考，考慮不同的觀點和立場，不要太快下定論。這能力可以訓練出來，可以培養出來。但是有什麼會影響人太快下定論？就是負面情緒，心急、懶惰、魯莽、自我、自大和對別人有偏見等。你會看到，**批判能力的最大敵人其實是自己，包括性格和修為，同時也反映你如何看別人，對別人有多尊重。**

慎思明辨表面上是一種能力，似乎可以訓練，可以掌握。但是更重要的，**人要培養出一種謙卑、對人尊重、對事物抱好奇懷疑態度等質素和心態，這才是真正可以顛覆的能力。**

A
B
推論能力
加以解釋的能力
懷疑態度
批判能力
A
B
防止簡化歸納
慎思明辨的能力

3. 開放思維

包拗頸思維幫助我們不要太容易相信，而開放思維則叫我們去接納。不過，兩者沒有抵觸，只有互補。前者是擴張（呼），後者是吸收（吸）。並列一起，就是思想的「呼吸」。

開放思維，英文是 open-minded，意思是打開一個內心的空間，不帶批判，不帶偏見，沒有害怕，嘗試去吸收新事物，更重要是有助團隊的合作。合作，是工作最重要的一環。

可是，很多人都錯解了開放思維，都說自己的思維很開放，其實不然。有人自以為開放，其實只會接受自己喜歡聽的東西；有人以為開放就是無所謂，什麼都照單全收，不需過濾，認為什麼都是對的；也有人以為開放就是反建制，把一切陳舊的事物一概看成守舊封建保守和不開放。

它們全不是真正的開放思維。我討厭人扮開放，嘴上說開放，卻永遠聽不進別人的話。事實上，**開放，是讓人有空間去學習新事物，使人願意聆聽和接受意見，讓人肯去合作和妥協。**

開放思維有兩個重要的信念：

第一，不但認定每個人就是不同，更認定「必須」不同。沒有不同，就缺乏其他可能性。

第二，不但認定要改變，更認定「必須」改變。沒有改變，就不能尋找可能性。

真正的開放，就是接受世間上有「不同」的現實，開始接受跟你不同的事物，「你」以外的所有東西。這些東西對於你來説是陌生，令你無法掌握以致害怕。你害怕表面上出於不認識，更深層是怕看見無能的自己，可能會出錯的自己，甚至因而失卻個人觀點和立場，卻又未能建立新觀點和立場，最後導致迷失自我。

換句話説，不開放就是不肯面對不足的自己。**開放，就是放開懷抱，放開焦慮去探索無知的自己。**

人太害怕失去自己，卻不知有失才有得。失卻部分的自己，擁抱「非我」的東西，可能帶來新的自我。

開放，不是放棄，而是建造。

告別無力：

- 平日，你最不能接受的事是什麼？
- 你習慣推想別人正在思考什麼？
- 如果有時你願意放棄固有思考，你可以得到什麼？

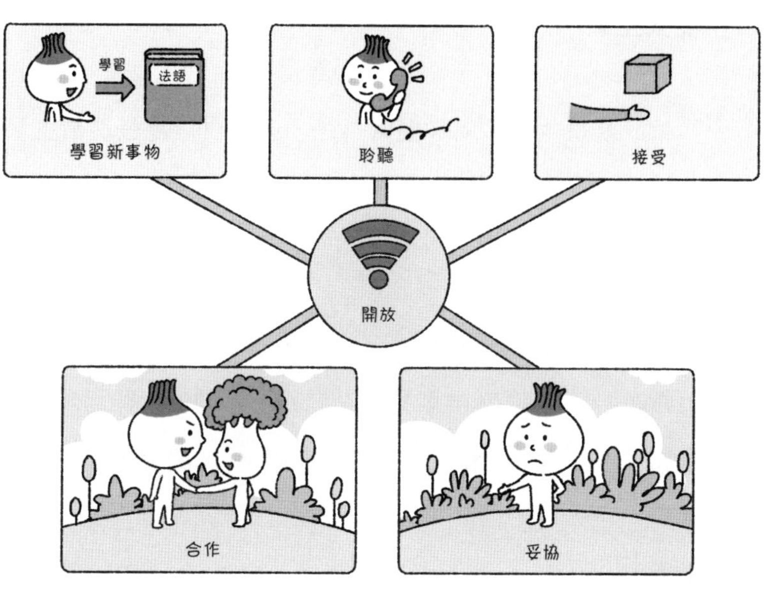
學習
法語
學習新事物
聆聽
接受
開放
合作
妥協

4. 不要太主觀

不開放就是主觀，就是自以為是，以為自己總是能看透萬事，料事如神。不過這類人的想法，輕則令你發笑，重則令你氣得發癲！

當你被老闆召入房照肺，質詢為什麼最近的項目出了狀況。老闆大興問罪之師：「我早就覺得有問題，你們無人聽我講，今天就出事了！」你自然會感到不爽，心想：「老闆根本沒有提過有問題，他失憶了嗎？」

你覺得老闆妄下判斷嗎？

如果你一直懷疑有個朋友針對你，估計她妒忌你，因你有一些地方比她優秀。一次，你從其他朋友口中得知，她發起朋友聚會而沒有通知你。於是你立時大動肝火，一口咬定她刻意忽略自己，心裏想「一於跟她玩到底」。

你覺得這會否太快下判斷？

上面這種事後孔明的思維叫 hindsight bias，又稱為「後見偏差」，我就稱它「馬後炮反應」。在這種反應下，人認定自己對該事件已經有相當把握和預測能力，但事實卻不然。**這種錯覺容易令我們過度自信，忽視過去從經驗的學習，導致未來決策的偏差。**

這種偏差有三重反應：

記憶：一種腦海裏的資料整理，在後見偏差的限制下，人會選擇性記憶，為了去肯定自己的「預測」或「洞見」。

評估：對過去事件的檢討和學習。如果堅持以自己的論述和觀點，解釋事情的發生因由，就容易以偏概全。

預測：總覺得自己預測的事，一定會如此發生。可是，預測要透過多方面的考慮，而且所有預測都包含「不可預知性」。

人會有「後見偏差」，很多時候是為了自我安慰，令自己感覺良好一點，特別是一些自信不足的人，他們不願意多聽意見，多想一兩個可能。因為他們懼怕，這正是一個顛覆自己的過程。

人總要帶着 benefit of doubt 的精神，不清楚就不清楚，不了解就不了解，不肯定就不肯定。抱着「我總有事情不知道」、「我唔一定啱晒」的態度，有助自己下結論時慢一點，冷靜一點，莫受情緒影響。同時，嘗試了解自己為何如此堅持？我有什麼焦慮嗎？我在擔心什麼？

相信當你回到自身內心的原點，自然會發現更多新大陸，也會使人更願意與你分享真心話和忠言。

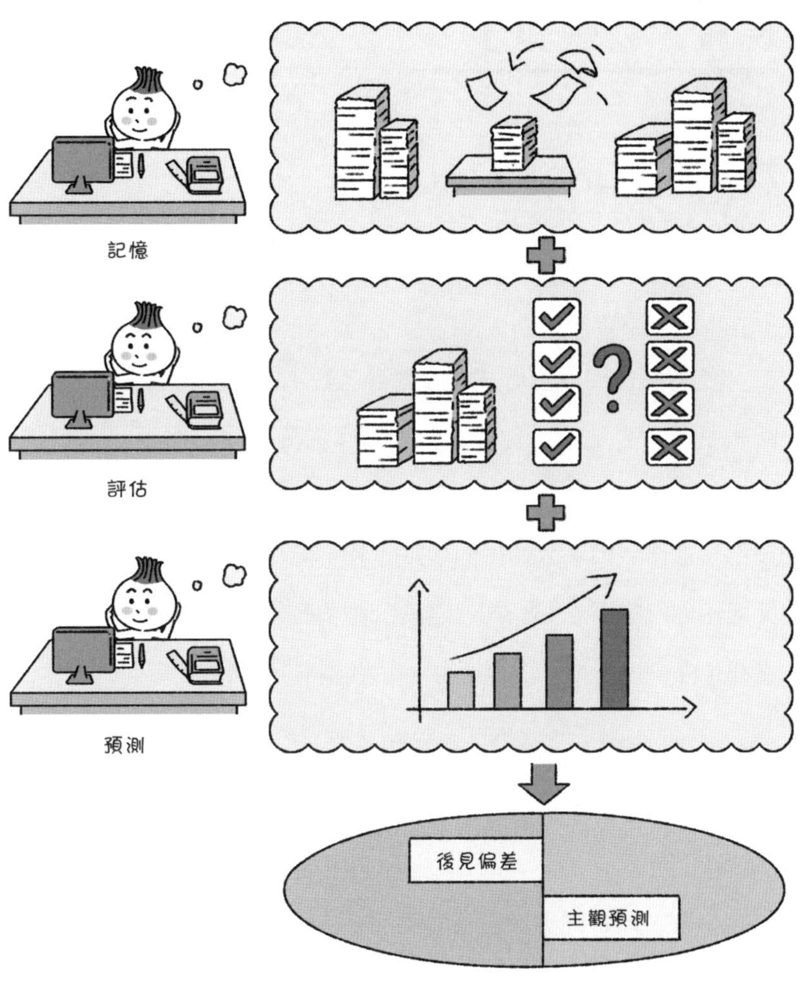
記憶
評估
預測
後見偏差
主觀預測

現實，我受夠了

顛覆思維：工作的收穫不只人工

工資低，待遇差，就沒出路？一份工就只給你這些？

我工作初期薪金低微，我對自己說：「非要尋找金錢以外的回報不可。」工作給你最大的回報可能並非金錢，而是學習機會。學習與工作是不斷交替的過程。即使你在某一行業已經待了幾年，當你轉換新公司做同類工作時，某程度上也要重新學習。又即使你待在同一間公司，無論工作多麼刻板，總會遇上新的問題和意外，迫使你不學習不可。

有時，與其自我空想，不如向人學習。所以，我每天會為自己找些學習目標或學習同伴，加以模仿，加以揣摩。

學習，離不開認識自己和跟別人相處。有樣學樣不是一味依樣葫蘆，而是多觀察，細看別人「怎樣做」，然後思考對方「為何這樣做」。我修讀輔導時，每星期都要在播放室內，透過熒光幕觀察老師在隔壁的現場輔導示範。有些同學覺得浪費時間，有些同學只懂鸚鵡學舌，按老師的言談方式照辦煮碗。而我則不斷去想，為何老師在這時候這般說這般問，究竟她在想什麼？我發覺我所學的東西跟其他人有點不同，這種有樣學樣，會變成真正屬於你的技術。如果你學西式糕點，這便是你 Susan 的獨門糕品；如果你學銷售，這便是你 David 的獨門銷售法。

你知道一般人最大的學習障礙是什麼嗎？**不是別人不願教授，而是自己不願去學。而不願去學的最主要原因是：恐懼。**內在的恐懼令自己害羞，怕別人的目光，以致不敢去問。自知不懂，才去問；沒自知之明，就不去問。

另一種恐懼就是怕學也學不來，結果表現不好，剛開始不久，就半途而廢。這是今天很多人的通病。其實，**既然你要學習，正代表你不懂，也做不來，抱着我總會出錯，總會做得不夠好，甚至「死就死吧」的精神，才能令你克服學習的困擾。**

知否學問就是學「問」。在問之前，起點不是想着自己不明白什麼，而是試想自己有什麼已知的。先向別人提出已知的，再詢問未知的部分，別人才不會誤以為你懶惰。問題除了問 How，也要問 Why。必要時，用紙筆記下，這是一份尊重。

當然，有些人會以一種老氣橫秋的不屑態度對待正在學習中的你，把你嚇怕。那麼，你唯有視這是一種「另類教學法」，一種對你內在謙卑精神的磨練，反正學了的東西，永永遠遠屬於你。

顛覆思維：金錢可以重新定義

生活要錢，吃飯要錢，買樓要更多錢。生活統統被金錢主導？也許不是錢作怪，是我們的情緒作祟。

金錢，有時會影響我們上班的情緒。它並不簡單易懂——可以是一種貨幣、是一堆數字，也可以説是一種難以觸摸、難以掌握的概念。例如，你支多少薪水，代表你有多少價值，這是很主觀的。又例如每月加多少薪水才足夠，「夠」也是一個很抽象的概念。

但是，這種虛無飄渺的概念，正正反映着你的身分和價值，代表着你。**因此金錢容易引起人的身分危機，同時大大影響人的情緒。**所以，金錢也是一種情緒貨幣（emotional currency）。

金錢是你的價錢牌，你每月賺多少薪水，反映你的身分和地位。一般人未必直接問你的薪水有多少，但一聽你的職業，已經心中有數，而這個數字又彷彿立即反映你的才幹能力。漸漸，你被金錢一步一步推進死胡同，被它綑着，忘記了你原來的價值，結果自貶身價。

金錢容易引導人去比較。公平不公平是職場人士常常關心的事，當你覺得自己的薪水與付出不成正比（underpaid），當然感到不快，覺得不公平。進而，你開始懷疑自己的能力及別人對自己的重視程度。相反，當你覺得自己多領了薪水（overpaid），也會開始焦慮，怕不能達到公司要求。**這是一個「欠」的概念，不是你欠我，就是我欠你，而欠的念頭總會使人與人的關係變得疏離。**

説到底，這是一個自我安全感的問題。有安全感的人會少嫉妒，少貪婪，少為金錢而不安，因為他們內心有一份安定的感覺，不老想着夠不夠，或誰欠誰。而且，他未必視工作為一種買賣，把自己的勞力賣出去。工作只是生命中的一個旅程，而你的價值並不等於薪金的數字。

最終，我們説窮，究竟是實際的窮，還是心態上的窮，總是感覺缺乏、負擔不來、渴望不得滿足？

顛覆思維：不再只講效率

香港人經常因效率引以為傲，甚至覺得很多事情都必須做得快靚正 —— 快是優先。其實，要快同時又要靚和正，殊不容易。即使可以同時快靚正，也可能要犧牲一些重要的東西。

第一是跟時間糾纏。什麼是跟時間糾纏？所謂慢工出細貨，不是拖慢的慢，而是花時間琢磨手上的工作，特別是棘手的。為了儘快完成一份工作，人想盡辦法，漸漸失去一份耐性 —— 讓你停一停，想一想，不用太快下結論。但因為時間的壓力，人容易得過且過，做事傾向表面，甚至想瞞天過海。結果失去了反復思考，尋找潛在錯誤的機會，就不能多測試一次，發現其他可能，自我批判，推翻之前的結論，甚至容不下犯錯的機會。

效率是工業型社會的優勢，可是當進入創新、資訊和專門技術型社會，人為了增強競爭力，不得不擁有比別人更多勇氣，敢於擁有跟時間、跟自己糾纏的耐性，否則會一直停留在工業型社會的思維。

第二是守護生活空間。上文強調，沒空間沒生活，生活建基於空間之內。當我在英國生活，走進超級市場購物，即使望見一條長長人龍，收銀員仍然會向每位前來的顧客打招呼：「你好嗎？」甚至問候幾句或攀談。當他收妥錢，待你把貨品放進購物袋，才開始服務下一位顧客。在香港，這樣做一般人會覺得你太慢條斯理，但我覺得這是一份溫暖的關係，用不着急忙收拾貨品。你是一個人，不是輸送帶，這份閒適，在香港愈來愈難找到。我記得一間香港有名的什麼牛奶茶餐廳，夥計效率奇高，未坐定已經走來催促你落單，你剛放下食具就來收拾你的碗筷，最後令你周身不自在，慢一點好像做錯什麼似的。這算生活嗎？生活由購物到飲食到工作都只會講效率，難怪香港人的壓力愈來愈大。最終入升降機要攝位，上茶樓要爭位，甚至演變成爭吵，何苦呢？最後，都是影響工作和生活的質素。

不是不講效率，而是效率以外，人還剩下什麼？進入新時代，我們需要另外的優勢，另外的思維。

顛覆思維：不再盲目追求專業資格

現今人人講資歷，講資格。多個學位就像多重保障，多個護身符。究竟我們生活真的需要麼？

每一份工作都需要技能和技術，不是說工作本身的專業，而是說，人際技巧、工作效率、溝通技巧，通通都算技能與技術。然而，兩者還是有點分別，技能是 skill，技術是 technique。

技術是基本，每個職員都需要掌握技術，以完成他的工作。例如，這工作要怎樣才算完滿、當中要注意什麼、如何跟團隊合作和分工等，一切有關「如何」（how）的部分。掌握技術其實不太難，只要肯留心、肯學習、肯練習，總會學曉。一般工作的試用期，就是看你能否掌握這技術。

然而，一個優秀的職員不能單靠技術，也要技能。什麼是技能？**技能是從技術上建立出來的，不只學會技術，還要融會貫通，最終煉成個人的工作風格和手法。**技術是別人的做法，你去學習和模仿；技能，是由模仿變成自己的。

一個人懶惰，不純粹是不願意工作，更是不願意學習技術，一直停滯不前。但是，由「辦到」到「辦好」又是另一層次。很多人只停在技術的層面，不願多行一步，多想一想，努力鍛鍊自己的一套技能。鍛鍊需要創意改善已有的技術，並助你善用長處發揮技術，目的是建立自己的獨特性（niche）。你可能是個具有親和力的人，雖然分析力不強，但擅長與不同部門溝通合作，又懂如何應付麻煩客人。你可能做事非常謹慎，別人以為你慢，其實觀察細膩。所以，這是有關「你是誰」（who）的問題。

今天職場其中一個危機是，手上的工作很容易被人取代，別人很快就能掌握你的技術和取代你，彷彿你的價值愈來愈低。你可能埋怨手上的工作沒什麼特別，的確不是每項工作都很特別，但你卻是很獨特。**當你用最好的態度，最好的風格做同一件事，上司自然會賞識，別人也難以模仿。**說到底，這是關乎你對自己認識有多少，肯定自己什麼地方，也是態度的問題。

如果技術是 doing，技能就是 being，即你自己。

顛覆思維：拒用成功和失敗「定義」自己

一個很富有的商人，賺了無數金錢，卻失去家人的愛戴。這算成功還是失敗？

3M 本想發明一種黏貼力很強的萬能膠，最後卻發現其實黏貼力很有限，反而將成果放在另一種發明上，就是我們常用的 post-it 報事貼。這算成功還是失敗？

第一個例子説明，沒有完全成功和完全失敗的人。人一生不是在找成功與失敗的定義，而是不停在找「平衡點」。有些年輕人初出茅廬，總愛在工作上搏到盡，希望儘快達到成功，賺取第一桶金。日子久了，漸漸發現自己失去私人空間和時間，而且健康也開始拉倒。他就不得不找出平衡點，在生活上作點調節。至於什麼才算是最好的平衡點？我可以説，沒最好這回事，平衡點會因應處境和人生階段，天天在變。**你想像一個走鋼線的人，你以為他的焦點全部放在如何由鋼線的 A 點蹣跚地步向 B 點嗎？事實上，他的一切注意力全放在「平衡」這件事上。**只要能夠平衡，一步一步，始終會走到終點。所以不要太介懷成敗得失，不如留心活在當下，過好這刻，驀然回首，你會發現自己已經走到一個里程碑。

第二個例子説明，未到最後一刻，我們也難以決定成與敗，問題取決於有沒有彈性。**彈性，就是藉你以為「失敗」的東西，發展另一個機會。**當你以為失去一份工作，就是開啟你另一份工作的機會；當你考不上這間學校，就意味着你有其他出路。老套一句：「條條大路到羅馬」、「塞翁失馬，焉知非福」。

以上兩點同時反映一個問題：人太快太早替自己「下定論」。

我覺得利用成功和失敗去「定義」自己，是對自己非常不公平。其實，我們根本沒法定義成與敗。

一次失敗，就對自己説：「今回死定了！」三十歲前達不到某種成就，就感覺終身遺憾；不成功便成仁。香港社會太快太早為我們定下千篇一律的成功定義，思想很狹窄，致使生存空間也很狹窄。遇上偶一失敗，就容易看成為山窮水盡，苦無出路。

人有很多種，有人少年得志，也有人大器晚成。我失敗過很多次，但我會自我安慰：「我應該是個大器晚成的人吧！繼續加油！」人生沒走到最後一刻，我們都不能為自己蓋棺論定。即使一天自己真的要入土為安，也不能替自己做總結，因為你已經歸西。所以，不如將焦點放在過程上，享受其中，比較實際。

我曾經認識一個青年人，他因為在大學時期患上抑鬱，故此影響學業，最終比別人花上更多時間也只得 third honour 畢業。他一直對這個經歷看成人生重大失敗，氣憤之下，甚至連畢業禮都沒參加，畢業袍也沒穿過。可是，他卻忽略了在大學幾年的時間，自己如何跟抑鬱糾纏，如何打敗心魔，以至最終畢業的重要歷程。其實，畢業對他説的確是一個重大成就。

「成功」與「失敗」，兩者都是「過程」的中間站，學會注視過程，才懂得怎樣活在當下。

用想像塑造未來

無力感來自不管我怎麼做都改變不了困境，都不管用，其實就等於下了一個結論：我沒將來，也想像不到將來。

有一個心灰意冷的年輕人曾跟我說，他在面試時最怕聽到的問題是：五年後的你會如何？他說，掌握不到今天，又如何思考明天？怎能有夢想？

其他人也可能說一切皆是命運，人生不在你手裏掌握，夢想不是你說成就成，一切純屬際遇；也可以說：不但人會變，時勢也在變，你只不過是適者生存，因應時勢去作出最佳的決定；或者無奈地，向現實低頭和妥協，覺得世上沒有夢想這回事。

其實夢想是一種選擇，選擇需要勇氣。所謂有人辭官歸故里，有人漏夜趕科場，你選什麼路，這條路就是你的夢想。問題是，你基於什麼去選擇呢？有人一旦進入職場，縱使當日千般理想，也會被現實打垮，最終成為社會大機器裏的一顆被安排的螺絲釘。換言之，你彷彿為完成他人理想而活，失去了自己。

如果你因為無力感而不敢想像，主要原因可能是害怕選擇，怕一旦選錯就永不翻身。又有人會擔心想像等於天馬行空，不切實際，純粹麻醉自己，脫離現實。

你可能會問，那可以自命清高，想做什麼就做什麼？世界不會以你為中心地轉，讓你任意妄為。我意思是，夢想是你做回自己這個「人」，而不是一顆「螺絲釘」，無論在哪個崗位都是一個人，一個真正的自己。

真正的自己不一定指特定某一個行業，而是無論在什麼崗位，你都能夠發揮你自己的才能，堅持自己的原則，找到起碼一點快樂和滿足感。人説三歲定八十，其實沒有人能預測和肯定自己將來會做什麼。有一點可以比較肯定的是，你就是你，你不會成為別人，完全走別人的路。認識和依照自己想法而行，就算是實踐着理想吧！勇敢做自己！

這裏説的想像是具體地思考未來。記得前文談到過渡性的問題嗎？想像未來其實是學懂過渡的其中一環。從以上看，想像未來關乎外在的「可能性」及個人的「特殊性」。不要忽略了持續探索、忍耐和等待成長的「彈性」。其實選擇不是一刻的銀幣擲公字式的行動，當中包括等待和忍耐，讓你的選擇可以一天乘上時機來臨的浪！這是自己對未來的想像空間。

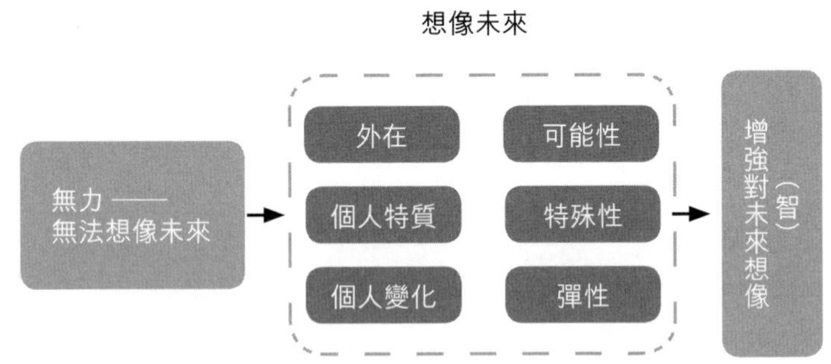

1. 什麼阻礙我們想像未來？

很多人都想擁有看透未來的水晶球，事實世上沒有占卜的水晶球。

人人都想預測未來，可是未來是多麼的難測。其實很多時候阻礙我們看透未來，迎接未來的，是我們內心的焦慮。關於內心的焦慮，前文已經說過，以下我想說明焦慮和想像未來的關係。

怕慢判斷：因為怕落後，怕蝕底，所以人變得焦急和衝動，很快想下判斷，定結論，往往忽略了細微的觀察，包括掌握和分析資料、數據、環境現況，追溯資料來源。**今日的世代，我們的確需要多一份耐性去琢磨收到的資訊和知識。又因為網絡，我們生活的節奏變得更急促，幾乎不能消化資訊。**更易道聽途說，更快妄下定論。一切思考就止於此，而難以進入未來。

怕成為異類：未來難測，所以大多數人未必可以掌握。跟大隊讓人感覺安全，但走大眾路線，就愈難發展出一種獨特思維，容易變成思想懶惰。一些非主流的預測及思維當然容易被忽視和歧視，**如果害怕別人眼光，只顧別人如何看，則難以發展未來想**

像思維。相反，多聽不同意見，能擴展思想的領域。這點之前一章也提過。當人人都在思想五年計劃之類，你要嘗試訓練自己幻想十年二十年三十年後，甚至你死後的世界，愈破格的思維可能愈管用。

怕面對歷史：人人都説歷史是一面鏡子，而且是照向未來的鏡子。有些人不想回看歷史，因為不想面對過去的污點，不想承認有錯有不足。我不是説歷史一定會重演，但歷史的節奏和人性是不太變動的。因此，我們在歷史中，從過去中，要學習觀察人性的反應、需要、需求、行為等，這有助我們預測未來的反應。個人方面，本書上半部分也談到面對過去，好像前文談到的初心，終極目標可引導你從面前的環境和困難中，想像出你想得到的成果和終點。

怕跳出自我：人愈焦慮，愈自我，會想保護自己。但一個有趣科學實驗發現，美國一項腦部神經研究，發現當人想像未來時，腦部思考自我的功能就減弱，相反面對別人或者陌生的對象，這個的功能會加強。這可能説明，如果一個人太自我中心，就愈難跳出框框，想像未來。一個人只顧自己的好處，就難有突破性思維。因此，如果你發覺難以想像自己的下一步，那就嘗試不為自己設想，而多想像下一代的人生活會怎過？會需要什麼？要獲取什麼技術和才幹？如上文提到的為他人的想法。

怕含糊：人喜歡清晰，怕不確定。這點跟第一點很相似，不同是這點説出人不易承受混亂和複雜的處境。這方面要靠忍耐和沉着，很多事情其實需要等待，需要時間去辨明去討論去溝通再溝通，才能找出新點子。這點在下面我會再闡明。

正如我開首説過，突破性的思考要通過回望過去、留空間慢下來、發展獨立思維⋯⋯種種因素互動下，才有勇氣去思索未來。

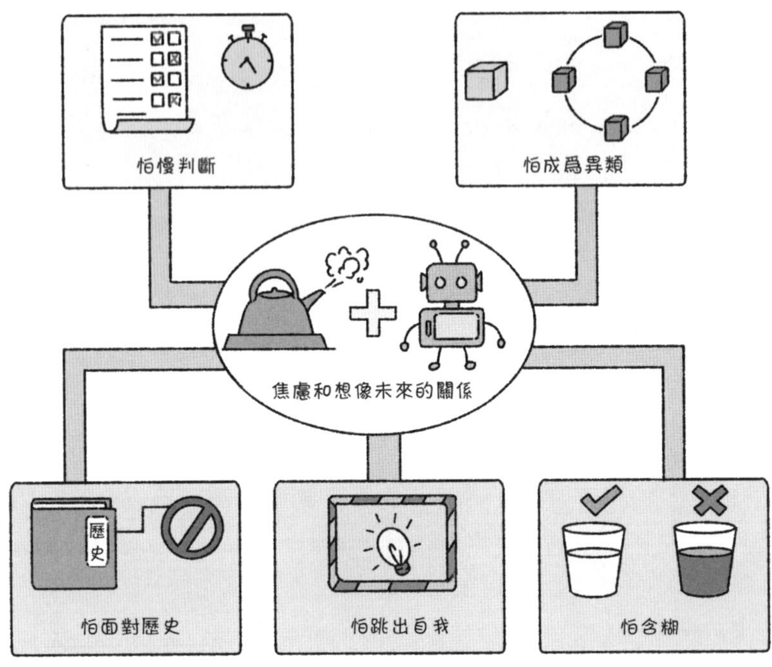
怕慢判斷
怕成爲異類
焦慮和想像未來的關係
歷史
怕面對歷史
怕跳出自我
怕含糊

2. 尋找你的獨特性

俗話説：「男怕入錯行，女怕嫁錯郎。」很多人覺得入錯行是大忌。如此，讀書時選科的決定，就影響着日後找工作的方向，一旦選錯科，就有機會入錯行，終生後悔。

在英國有個特別現象，很多人在求學時，不太考慮日後做什麼工作。或是説，在高中準備進入大學時期，又有幾多人清楚知道自己日後想做什麼？這很正常吧！

在西方社會的思維裏，在大學讀什麼跟日後做什麼沒直接關係，因為他們視讀書是人生一個階段，知識成長和心智成長的一部分。當你擁有了成熟心智和思考能力，就能更清楚什麼適合自己，明瞭自己最適合做什麼工作，他日也可以再選讀其他科。

聽説，很多大公司請人，不是單看求職者從什麼科目畢業，例如請會計不一定要唸會計的人。他們需要是一個合適的人，肯學的人，有了合適和肯學的人，可以慢慢栽培他，讓他發揮，更重要是他可以與不同長處和背景的人配合和擦出火花。

我也聽過有銀行刻意不全聘請財經系的畢業生，而是讓團隊中包含社會科學、自然科學及哲學的畢業生。

你會問：如果隨便選科，這樣很冒險吧！不錯，但這是香港式的思維。這種思維出了什麼問題？

首先是個人選擇狹窄。很多人為了「搵食」，一窩蜂選讀有利的科目，他們看重職業趨勢和賺錢機會。早年不少人以為資訊科技界有前途，可是幾年後當職位填滿或科網爆破了，市場便復歸平淡。趨勢，信得過嗎？如果放棄自己的喜好和長處，只是隨波逐流，讀得開心嗎？能發揮專長嗎？

另一問題，這種思維會令整個社會產業發展狹窄。若企業內部，大都是同一類人，可迸發的火花和創意就變少了；在社會上，人容易忽略多方面的發展需要，只看即時和短期利益，產業發展愈來愈狹窄，難怪某大學也關閉了數學物理科。

工作如是，生活如是，究竟你是委曲自己來適應社會，還是發揮自己，在社會找適合自己的位置？你的獨特性在哪裏？你的優勢在哪裏？

成熟的心智
思考能力
魔術師
化學家
甜點師
護士
廚師
數學家
音樂家
導演
清楚適合自己的工作

3. 勿忘給自己彈性

在香港生活，我們從小到大都似乎在問同一個問題：如何找好工作？好像總離不開前途或者錢途。

從一種簡易的投資心態看，花了那麼多時間讀書求學，花了那麼多錢，當然要獲取應得的回報。可是，問題出現了。回報是什麼？回報一定是金錢嗎？讀得不愉快，工作不如意，有多少金錢都沒大意義，或者金錢只能花在調整失落心情的事上。

又如果讀書只是看賺不賺到錢，我想，很多科目都未必能夠為你帶來豐厚的回報，那麼我們不如爭取跑去讀醫讀法律讀金融吧！更可怕是，為了爭相進入熱門科目，競爭就變得愈來愈激烈，壓力也愈來愈大。若讀不到心裏理想的科目，就好像一個失敗者。

最後，自己又跟社會一樣回到單一。**單一又窒礙我們對自己未來的想像力、創造力，令我們變得更僵化沒彈性。**

種種思念在心頭，思想回到原點，人就會問：為何我要讀書？讀書變成一種無奈的事情！

我在英國生活，常聽到一種説法。很多公司聘請員工，未必考慮求職者讀的科目，起碼公司會預留一部分職位給非本科的人。例如我認識在大學讀物理的，他可以進入商業照顧問公司當科技顧問；有人讀動物園學（Zoology），可以進入金融機構做會計。你會問：他們懂得做嗎？只要公司提供足夠的訓練，他們自可以勝任。

為何這些公司願意冒這麼大的險？請個什麼都不懂的去做那些工作？他們覺得一種專才受一種單一的訓練，思維會比較單一。如果你是個數字人，會對數字敏感，分析力強，但可能某些特質如人際或創意思維比較弱。而且，不同人走在一起工作，洴發的火花會更大更亮，令公司更多元化，才能適應幻變的世界。

香港人期望什麼都是一上手就識做，一步到位，以為這才是正常，忘記了邊做邊學（on the job training）及做着學（learning by doing）的重要。相反，在英國接觸到的年輕人，抱持邊做邊學的想法，選自己喜歡的科目去讀，不太考慮和憂慮前途問題。

我們勿忘了給自己一份彈性，沒有什麼可以替代時間，藉着忍耐、學習、嘗試，人可以轉變，可以更新，這份彈性，讓我們不會太快封殺自己的路向和可能性。

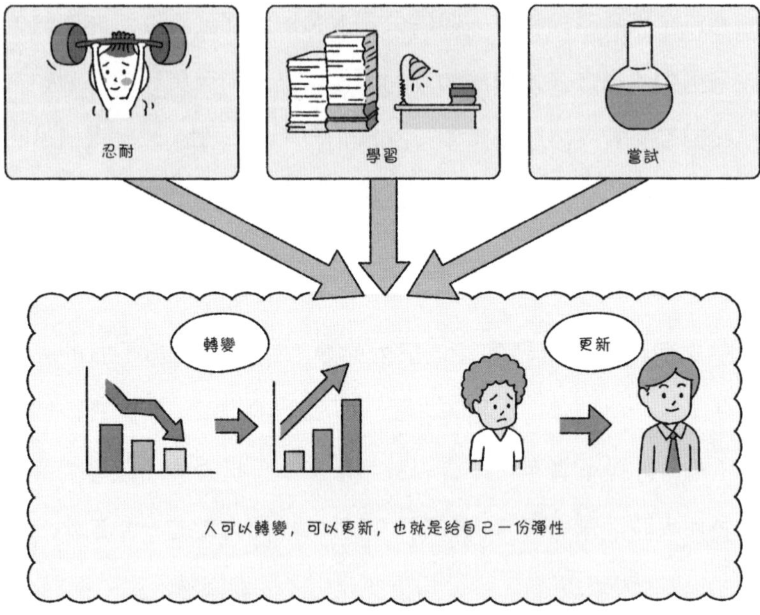
忍耐
學習
嘗試
轉變
更新
人可以轉變，可以更新，也就是給自己一份彈性

4. 藉整合製造可能性

有時候你會以為自己什麼都不會，什麼才幹都比不上別人，沒什麼優勢可言，但這是真的嗎？

我們要相信生活理應多樣化，不是單一，才能擴張你的想像力。其實你可以有很多可能性：你的才能、知識和喜好，你不一定事事都要做最好的一個，你只要整合自己，就可以擁有更多可能性。

你對 / 這個電腦符號不陌生吧！英文叫 slash，功能是將不同性質的東西放在一起，例如這裏既是天堂，也是地獄，寫法就是天堂 / 地獄。

台灣人將 slash 翻譯成「斜槓」，驟眼看，猜不透是什麼。我反而喜歡用香港人的口語叫 slash。

這個字近年流行起來，代表一種年輕人打工的新方式和態度，這個名詞在 2007 年由一位美國諮詢師、專欄作家 Marci Alboher 創造，即代表一個人既可以是這樣，也可以是那樣；既可以做這行，同時可以做那行。一個人可以同時是中學老師、潛水教練、漫畫家；可以是會計、編織工藝者、是寵物店店員。

但不要誤會，slash 工作不是單指兼職，或一個人同時做幾份工作維生，它其實代表一個人零零碎碎的身分的一種重新定義和整合。這反映了一個人在性格、喜好和才能上的多樣性。

我讀過一篇香港歌手林二汶的訪問，她介紹自己是「歌手 / 監製 / 作詞人 / 作曲家 / 電影配樂 / 廣告旁白 / 專欄作家 /DJ」。我很喜歡她的說法：「我考慮的不是做什麼工作，而是做什麼人。其實選擇做一樣工作，和選擇做很多樣工作，都只不過是方法。終極問題是，我想做一個什麼人。」

香港人太單一，兼職就等於散工，散工就等於不穩定。現今，沒有事是完全穩定的，經常地不穩定就是一種「穩定」。

但對於新一代的你，最大問題可能並非打散工可否維生，而是你找到自己真正的興趣嗎？你有從小培育各種的能力嗎？你有勇氣去談夢嗎？**原來最重要是你想做怎樣一個人。當決定了要做怎樣一個人，便知道如何塑造「我」這個人。**

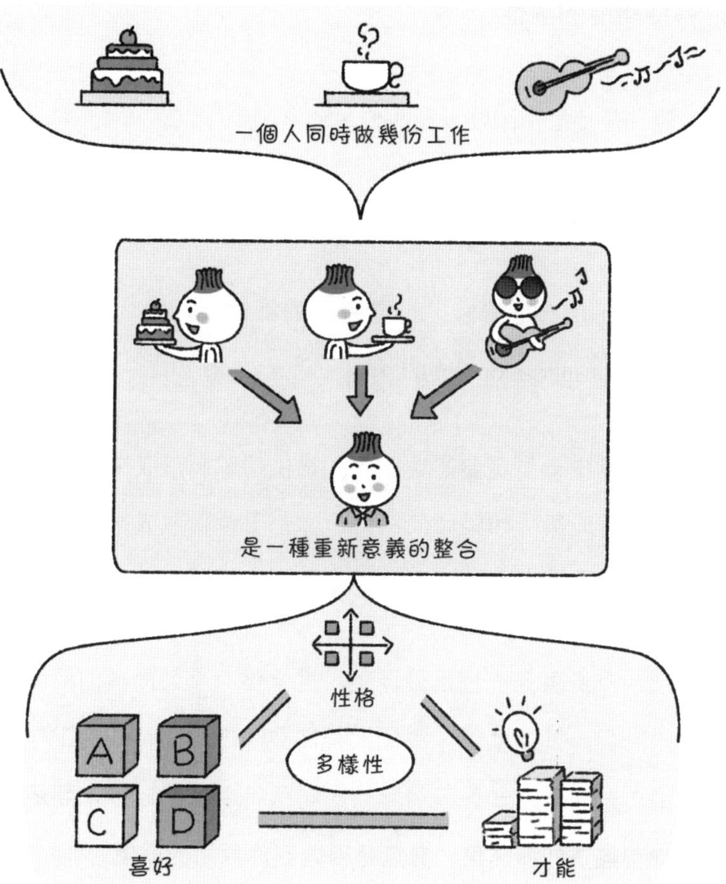
一個人同時做幾份工作
是一種重新意義的整合
性格
多樣性
A
B
C
D
喜好
才能

5. 保持高度的耐性

耐性是什麼？耐性就是等候。

等候是什麼？**等候原來是一種延遲滿足。**

上班正是一種等候，一種有趣的鍛鍊，鍛鍊我們延遲滿足（delayed gratification）的能力。

工作其中一個重要的功能，就是生產和製造成果，每個人工作都等待着成果。如果如何努力，你都不會獲取成果，根本不會願意工作下去。

成果本身就是一種延遲滿足，世上沒有不勞而獲的東西，老生常談。另一情況就是，每個人都需要經歷一段時間的工作，在工作中一面辛勞，一面等待等待，再等待。有時候，**未到最後一刻，你都無法知道結果，究竟是否達到你原初的期望。**

你可能說，我對於公司的成果不感興趣，只關注個人的利益。在一般工作中，我們都是先上班，月尾才出糧。可以說，我們都是帶錢上班，每天工作都是等待糧尾支薪。因此你要忍耐不立即購買心愛的東西，等待在銀行戶口看見銀碼增加的一刻。這正是一種延遲滿足的鍛鍊。

如果你不單看金錢，更要上司賞識。工作了一年，你可能着緊年終評估，看看他如何評價你。

工作是一種延遲滿足，也是等候。**等候的時間其實是一種過渡性空間，留給自己想像。**

延遲滿足這種能力不單靠個人的意志和毅力，也靠想像力。為什麼？

馬克斯曾說：「我們在工作開始時，靠想像去獲取結果。」（We get a result that already existed in the imagination of the labourer at its commencement.）試問，如果你沒法想像工作一個月後，你會支薪，你便會懷疑自己是個蠢蛋。如果你對手上的計劃沒有預算、目標成果或期望，你便不願繼續完成下去。

不要少看這種想像力，今天我們愈來愈缺乏想像力，生活變得麻木刻板。主要原因是沒耐性去等，沒耐性是想像力的敵人，一般人都很想立即看見成果，看見回報。但工作教曉我們的不單是沒有不勞而獲的道理，更要鍛鍊我們一種延遲滿足的能力，在等待中想像未來。

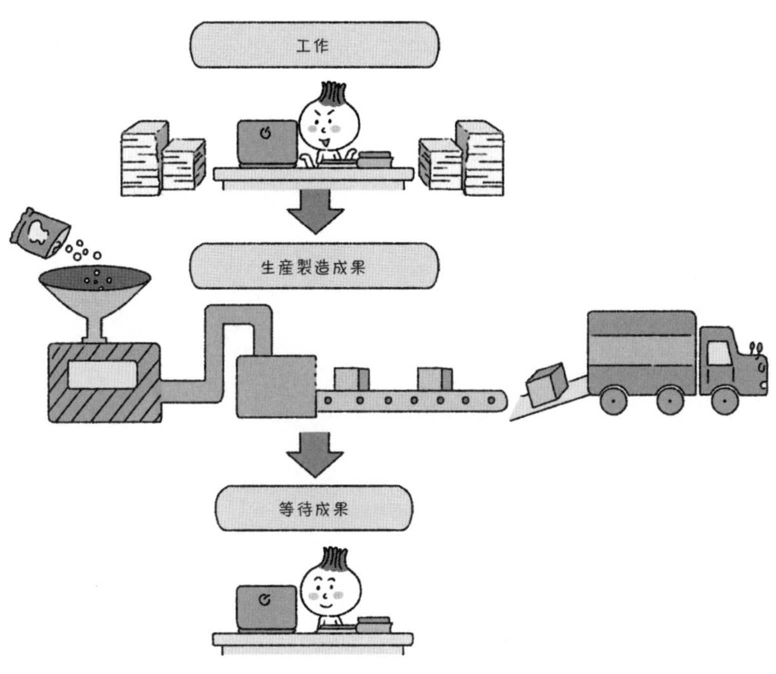
工作
生產製造成果
等待成果

6. 未來是一場探索

我很喜歡一首詩，中文翻譯叫「未走過的路」（The road not taken），作者是 Robert Frost。詩的大意如此：

這裏有兩條路可以通往一個森林
不過我們沒法同一時候走上兩條路
只好根據自己當時的判斷

選擇其中一條。

人生正是如此。

有些人用盡方法，給自己最好的資源，為自己作最好的盤算，終於選擇了一條好走的路，經過一段時間，就順利到達心中的目的地。

有些人選擇了一段一段又一段的岔路，一路走去，最後發覺到達一個出乎自己意料的地方，仍能實現心中的願望。

有些人最初選了一條路，一面走着，雖然初時感到疑惑，但是漸漸對於自己的理想和前方的道路，有更深入的了解，最後決定循着原路折返，回到當初第一個分岔口，然後追尋一條「未走過的路」；這可能意味着另一種生活方式，或生命的重大轉折。不過，因為他對自己已有一種重新的認識，就甘心踏上，不會有任何後悔。

有人第一天就找着出路，輕盈地走下去，也有人被迫折返，只管埋怨。可是，**你選這條路，就代表你無法走另一條路，不會知曉當中的得失。**既然我們總沒法知道哪條路是「必達之路」，更不清楚什麼是「必達之地方」，就不要老是抱着埋怨，不用過分責怪自己的缺失，否則只會消磨你的意志。今天很多人對於職場選擇，老埋怨，老後悔，常說：「早知我就……」世事是沒有「早知」的，只有「經驗」，經驗會替你找出更可行的路。

很多初出茅廬的年輕人，在**事業生涯需要了解兩件事，就是「探索」與「改變」。**人要一面「探索」，一面「改變」。不要怕「探索」，不要怕「改變」。「見步行步」或者「船到橋頭自然直」都是最好的自我勉勵，幫助你在過程中探索最能突顯你獨一無二的特質、獨一無二的生活冀盼。那時候，你當走的路就會愈走愈清晰。

所以，現在的你可以透過學習和許多嘗試，探索自己的個人特質和目標的輪廓，帶領你朝向自己想要前往的方向。

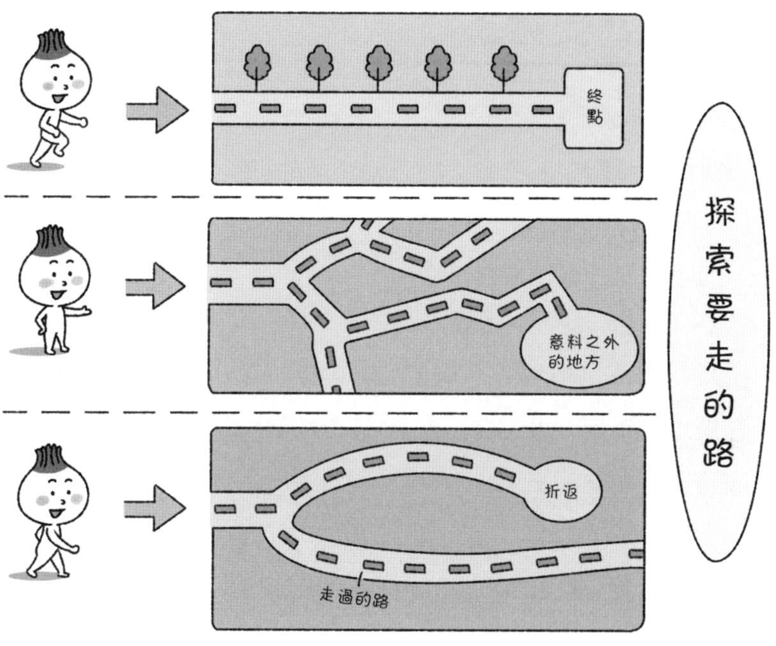
終點
意料之外的地方
折返
走過的路
探索要走的路

現實，我受夠了

想像新工作模式

面對未來，我們需要彈性。

這個世界悄悄地進入 Gig economy 的世代。什麼是 Gig ？Gig 原本解釋作一場表演，而 Gigs 現在解作在網絡或任何地方都可以完成的工作。

簡單來說，Gig economy 是由很多自由工作者（freelancer）、兼職和短期工作形成的經濟系統，甚至漸漸成為潮流。長工已經不再是主流，有人估計到 2020 年，美國有 20% 的勞動力都是從事兼職和短期工作。現在，我們看到即使有所謂傳統正職的人都有兼職，例如 UBER 司機和外賣送餐。當然，政府要適應這變遷，如何收稅？如何保障他們的福利呢？ 2016 年 10 月，英國就已經通過 UBER 司機可以擁有一些勞工福利和地位，例如法定假期和最低工資等。

Gig economy 下工作的人如何過得快樂？有機構調查如果有人想以Gig的方式生活，仍然過得快活，需要擁有一些心理特質。

第一是目標為本。金錢不是推動這類人的最主要原因。97%受訪的自由工作者或兼職認為，他們最想尋求的是有目標推動（purpose-driven）的工作。而這些目標需要帶有意義和給社會帶來正面影響，與他們的價值觀配合。

第二是控制權。控制權就是一份自由（antonmy）。所謂自由，就是能夠自主決定在何時何地做何種工作，他們認為這才是工作的最大回報。這個不難理解。

我們談彈性，就是説想像自己將來時，不能忽略了個人目標及個人控制權。不是工種問題，不是職位問題，也不是工作場所問題。

其實，每個行業都可以是 Gig，重點是他們在心理上和實際上都能夠在收入和自由度兩者上取得平衡。簡單來説，過這種生活的人不純是理想主義者，不切實際，而是有理想也想得實際。

我不是高言大志地說不用考慮現實，自由工作者當然擔心收入不穩定，擔心客人拖數或走數，可是現在有份長工也不見得穩定，隨時可以被裁走。有些人為要有穩定收入，可能要兼顧幾份不同的兼職。因此，自由度和控制權也自然減少。他們常常掙扎於長期穩定工作還是繼續幾份兼職，夾在一種自我懷疑的壓力下。

面對現實需要和掙扎，需要良好心理質素，懂得自我審視又能自我肯定，過渡不明朗不穩定的階段。

想像退休

美國有調查指出，半數仍然工作的嬰兒潮人們（1945-1965年之間出生的人，大致是 52 至 72 歲之間），計劃繼續工作至 66 歲或以後，不願太早退休，當中更有十分一人認為自己會永不言休。我們容易理解這「遲退」現象，遲退的主要原因是健康，現代人比之前的幾代人健康，可以在高齡時繼續工作；另一種健康是財政健康，為了保持穩定收入，他們寧願繼續留在崗位或者兼職。問題是，有人永不言退，就有人永不能上位。

可能退休對於年輕人很遙遠，其實不遠，我們絕對能夠推測將來退休的景況。現時大部分人跟上一代不同，都不能買樓，只有租樓，或者很遲才可以置業，到了退休年齡仍然承受着很大的財政負擔。怎退休？另外，很多新一代在年輕時已經習慣兼職和半職，所以將來打算在退休年紀後繼續兼職，這絕對沒難度，甚至變成常態。而且，醫學愈來愈昌明，城市人的健康和體質多數可以支持退休年紀後的工作。退休，可能不再是下世代的選擇項目。

那麼，我們真的要在年輕時開始計劃，退休或退休年紀後的工作生涯，常備退休的心態和準備。

首先是計劃自己第二第三第四職業和興趣，可能要有心理準備在退休年齡後轉行。雖然你已經慣了轉工，但將來沒有技能和知識的準備，如何成功轉型？當然，活到老學到老，到時我們可以重新學習新事物，這是必須的。在今天開始累積你的經驗和寫好你的 CV，是一種準備。另一想法是，很多九十和千禧後在兒時已經學過很多不同技能，或音樂或美術，不過隨着年紀長大，漸漸會荒廢。不妨在你未到真正很老的時候，重拾和掌握這些曾經學過的東西，可能對你有新啟發。

換轉另一角度，今天不要因為回報少，便很快放棄自己的興趣、夢想和熱情，因為你要走的路可以很長，在將來的世代可能有更多機會。不要短視，只注目今天最賺錢的事，因為可能不多年後就已經被淘汰了。看長線，由今天開始發展一種興趣和技能，十年二十年三十年後一定截然不同。

第二是健康，雖説醫學昌明，但現代人的生活的確十分不健康。多吃喝玩樂，少運動，到了四五十歲身體不同指數開始超標。而且，很多人在壯年時搏殺，心力交瘁，每天只幻想可以提早退休，試問怎能在退休年齡後仍然有魄力工作？因此，為何不在年輕時開始保持身心健康？保留實力，保持樂觀，不要立即用盡，這就是你為將來儲備的彈藥。

第三是人際網絡。人愈大愈少朋友，愈缺乏動力認識新朋友。要是在退休年齡仍然想找一份工作，非靠人際網絡不可，甚至是不同界別和年齡的網絡。每份工作共事過的人都重要，如果在壯年時已經「摺埋」自己，將來一定發現原來自己的網絡很狹窄，而且臉皮很薄，很難跟比你年輕的人合作，很難服從比你年輕的上司。

總的説明一個道理，不是今朝有酒今朝醉，是「儲蓄」的道理，包括**儲蓄你的人生、性格、財務、人脈等。不怕從少開始，不怕太少，只怕沒開始。**常備退休心態和準備，就不用怕將來被淘汰，被人批評阻住地球轉。

用將來的眼睛看今天，是一種對未來想像。

想像十年後，鍛鍊今天的自己

你對十年後的自己有什麼想像呢？你猜自己會身處哪裏？你會做什麼行業？

有人説 50％的工作在十年後會消失，或者轉換形式。如果你今天是個千禧代，你會如何想像十年後的世界？今天要如何為十年後的職場作準備？

今天什麼都是科技先行，十年後科技將會更為重要。所謂重要，意思是網絡和科技與人密不可分，幾乎所有生活都跟網絡和科技息息相關，很多生活所需和工作程序都會搬到網絡上發生。尤其人際圈子會因網絡的緣故變得愈來愈闊，也愈來愈專門。所以，**今天你開始要訓練自己一種網絡為主導的思維**，想像網絡可以對工作、對人、對人際關係有什麼影響，特別是人際溝通、資訊和物資交換的模式會完全改變。

第二，創新比以前的世代更重要。世界將會進入生意更難做的時代，創新是最大的優勢，但創新需要懂得批判舊事物，這一點卻是香港教育最弱的。但不要灰心，由今天開始鍛鍊自己的創意，創意就是細心觀察和分析現狀，之後再批判、拆掉和重建，錘鍊成新點子。創意需要開放的心態，吸收其他國家和文化的特點，放眼世界，同時願意嘗試，敢於失敗。香港的教育和中國人的文化都容不下犯錯，不容有失。所以，我們反而要從今天開始學習不怕犯錯，從錯誤中學習。這種正是前文所講的顛覆思維。

第三是增強處理人際張力的EQ。新世代會愈來愈多元分化，中國文化強調和諧，卻少欣賞分歧，更不能容忍分化。新世代中，公司內部愈來愈多人出身自不同年代、不同背景，甚至在全球化和網絡化下要與世界不同地域的人合作，而且人只會愈來愈追求自主和獨特性，不容易妥協。你有這心理準備，不怕遭反對，不怕異見嗎？你又有準備，在紛爭中當和平使者，做調解人嗎？這種正是前文提及的同理心和為他人的結合。

第四，權威這個字愈來愈沒力量。不要幻想你十年後上了位就有權威，在新世代人人要權益，要發聲，要自主，即使將來你是管理層，也不能「擺老細款」，只有尋求合作和對話，要學習更有溝通力和説服力才能做好管理，個性魅力和具透明度的溝通能力才是 power！

從以上看，**很多特質跟個性和軟技術（soft skills）有關。兩者都需要時間去琢磨，十年時間，不多也不少吧！**

小結：未來，是你內心的呼喚

很多人在艱難中很想儘快跳出火坑，脱苦海，心想：最好明天就有份好工從天掉下來。或者見別人做什麼工，便去申請；有政府工空缺，又去申請；有什麼課程，就立即報讀……以為這是籌劃未來。

將來如何無人可知，我們只可以為明天做好準備。準備不單是裝備自己，更重要是準備面對未知未來的一份心態。這心態是：勇氣。

第一，阻擋我們面對未來主要是內心的恐懼，恐懼令我們不敢選擇，不敢嘗試，怕失敗，怕選錯。最終，人只好跟住環境團團轉（react），而不能想透，帶着信心去應對（respond）。

第二，認清所謂「未來」，其實是「你個人的未來」，要主動地重新定義你的未來，裏裏外外認識自己，確認真正的渴望，找出對你有意義的事，你才有機會親手塑造自己的未來，而不是別人吩咐你應該如何過這一生。世上，實在太多別人給你的「應該」，而失去自己的聲音。

聆聽內心的呼聲，正是智慧的開始。

結語

不要 conform，要 confront

哲學家祈克果說過一個故事。

馬戲團有一位演技精湛的小丑，常常逗得觀眾捧腹大笑，每次表演都空前成功。一次，他又發揮他拿手的引人發笑技倆，令全場觀眾笑過不停。在最後部分，小丑突然發現舞台頂層冒出火花和濃煙，估計是由馬戲棚的燈飾燃起，於是大聲疾呼「火燭！火燭！」可是，全場觀眾竟然無動於衷，有些在懷疑，有些見他人沒反應也不反應，繼續安然大笑，全場為小丑這個「新笑話」鼓掌。 不幸地，整個表演場地起火，全部人葬身火海。

故事說出如果只會跟大隊隨波逐流，或者因循慣性，不願思想，才是荒謬，才是一個大悲劇 。今天我們到了一個時候，世界變得愈來愈荒謬，愈來愈難生存。《聖經》曾經說：

不要模仿這個世代，倒要藉着心意的更新而改變過來，使你們可以察驗出什麼是神的旨意，就是察驗出什麼是美好的、蒙他悅納的和完全的事。

（〈羅馬書〉十二章 2 節新譯本）

這說明了我們今天應以什麼態度面對惡劣的形勢、難測的世代。在似乎無望的現況，我們容易感覺沒選擇，以為沒出路。但細心想，會否是我們純粹害怕不同，害怕離開大隊，限制自己的選擇？阻礙了找尋更美好的將來？不能追求幸福？

模仿這世界，就是完全順應這世界，叫 conform。

如果有勇氣對抗主流，發現真正的自己，尋求真正的意義，這是面對、顛覆、對抗，叫 confront。

人不 confront，就自然被同化，變成 conform。正如馬戲團內的觀眾，沉醉在歡樂的笑聲中，等待死神的降臨。

Conform 的壞處是沒法察驗，沒法轉化，沒法成長，沒法心意更新而變化，不能 transform。

Confront，需要勇氣。

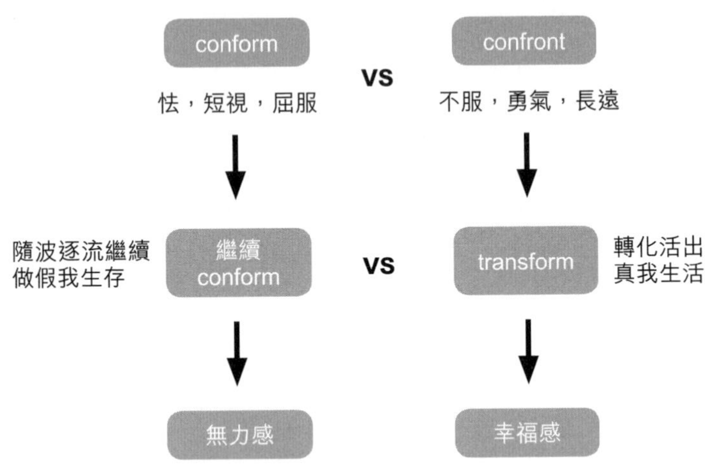

當你感到無力抵抗

應付無力感，我們需要多一點勇氣，讓勇氣替我們爭取空間儲備內在資源，有資源才能談一點理想，談一點生活。

如果你害怕失去自己，以為好像必須放棄個人喜好和尊嚴，才能適者生存。其實當你愈放棄自己，更覺無力和孤單，更推卸責任給命運。所以，**你要忠於自己。**

如果你只看見限制，感覺沒出路，就説明你仍然未準備好活於限制之下，只埋怨外在內在的種種限制。所以，**你要放下舊有的包袱。**

如果你想到沒將來，其實只代表你沒有勇氣去選擇，沒勇氣去選一條不一定跟大眾一模一樣的路。所以，**你要更多耐性去等候、鍛鍊、學習。**

訓練與磨練

以下送你一篇禱文，叫「訓練與磨練」，是台灣作家杏林子寫的。或許你不認識杏林子。要説不幸，她比更多人不幸，因為她在 12 歲時患了類風濕性關節炎，一生受病魔困擾。可是，在她生命中，沒有因傷殘而放棄自己，本來只有小學程度的她，一直通過函授及教育電台刻苦自學。最終成為一位出色又能感動人心的作家，作品包括散文、小説、廣播劇、電視劇本、舞台劇本等，屢獲殊榮。

或許，她自己的禱文正是給她給你給我的鼓勵：

主，幫助我做一個勇敢的人，

但不是逞強鬥勝的血氣之勇，
不是強出風頭的匹夫之勇，
不是未經大腦的一時衝動，
不是為造英雄形象，留名千古。

而是——
面對失敗勇於承擔，
面對錯誤勇於反省，
面對苦難而不氣餒，
面對失意而不沮喪。
面對邪惡，能夠仗義執言；
面對不平，能夠據理以爭；
面對需要援手的地方，也絕不畏縮退後。

教我不怕困難，不逃避責任，
不吝於付出，不計較得失，

不取笑他人的無知，

不誇耀自己的聰明。

教我有力量抵擋各樣的罪惡，

世俗的誘惑，

眼目的情慾，

在百般的試煉中，

仍給我堅持的勇氣。

教我活要活得光明磊落，

死要死得坦然無懼。

而我的主，

有一天當我面對十字架的犧牲與奉獻時，

求祢給我當年祢所具備的勇氣，

勇敢的走向各各他之路。

你的弟兄

Ringo

2018 年 2 月 11 日

工，唔係咁打！

以出來工作的過程貫穿，每一部分都有實用理論、技巧；並有心法：思想、心態、價值。每章由淺入深，由思想到實用，再由實用回歸思想。

邊個想返工

作者：伍詠光、林峰、馮文傑、萬樂人、廖燕萍

初入職場總有很多擔心與疑問，五位職場老手記下他們的經歷，寫下指引，拆解一道又一道迷思，為上班創出另一條路。

心理與栽培系列最新書目

生活與輔導

書名	作者
愛，要勇敢 —— 戀愛的心理分析	伍詠光
就是要做自己 —— 尋找成長路上的家庭烙印	梁燕雲
怎可以一生一世	霍玉蓮
相愛不傷愛 —— 感情與理智的拿捏之道	羅乃萱
工作自主 —— 組合你的 SLASH 人生	黃岳永
做自己的生涯規劃師	張文彪
焦慮自療	湯國鈞、江嘉偉、陳佩珊
現實，我受夠了 —— 應對無力感的 6 個關鍵	伍詠光
當 10cm 遇上 3cm —— 癌病同行的心靈札記	霍玉蓮、蔡揚眉
情緒傷害的醫治	黃麗彰
誰偷走了我的快樂 —— 應對負面情緒自助手冊	湯國鈞、李靜慧、李智群
邊個想返工 —— 拆解職場新丁 49 道難題	伍詠光、林峰、馮文傑、萬樂人、廖燕萍
下流世代的上流生活	吳渭濱、區祥江
輔導小百科（增訂版）	區祥江
會哭才是真男人	曾立煌、區祥江
我要真關係 —— 在人際中解結與成長	區祥江
無朋友	周偉豪、廖暉清等
勇敢做自己	伍詠光
婚姻，你真的懂？	上官賢恩、蔡元雲等
情難捨 —— 為誰而愛，為何相分？	霍玉蓮
改寫未來的 9 種生存力	區祥江、周偉豪、區穎珩
工，唔係咁打！	伍詠光
情緒有益	李兆康、區祥江
幸福的實踐 —— 婚姻輔導解構	黃麗彰
化解婚姻中的 13 種危機	區祥江